서비스 코리아

극동 관광문화연구소

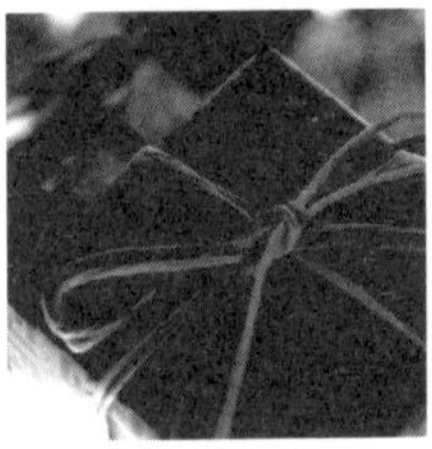

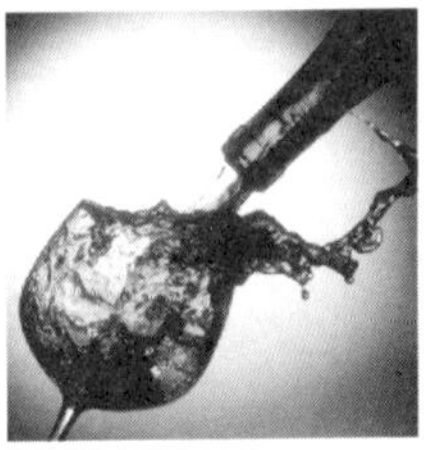

도서출판 그린

머리말

21세기는 개방화·세계화와 더불어 문화가 지배하는 시대로 대변되고 있다. 이러한 시대를 살아가는 우리는 사고방식과 행동양식 또한 변화되었고, 우리 인간 생활의 서비스와 매너 역시 변화하게 마련이다. 대부분의 사람들은 서비스에 대해서 잘 안다. 우리는 매일 서비스를 받는다. 규모에 상관없이, 서비스는 우리 생활에 스며들어 있으며, 모든 곳에 있다.

하지만 서비스 매너에 대한 책을 쓰는 이유는? 21세기에 서비스가 어디에나 존재하면서도, 아주 미약하기 때문이다. 우수한 서비스를 제공하는 것이 단순하고, 쉬운 일이라 생각할 수 있지만 그렇지 않다. 우수한 서비스를 제공하는 것은 어렵고 힘든 일이며 이를 지원하는 전반적인 지식과 훈련이 필요하다. 누구나 서비스를 주고 받고 있지만 아무도 서비스에 대해서 제대로 알지 못한다는 것이다.

그러나 모두가 서비스에 대해서 알아야 한다. 학생, 학자, 전문직 종사자, 노동자, 직장인, 간부, 공무원 등 직업에 상관없이 누구나 서비스를 제공하고 있으며 서비스를 받고 있다. 훌륭한 서비스의 개념과 매너를 필요한 모든 사람들에게 알려주려고 하는 것이다.

본서는 대학에서 매너에 대한 집중적인 교육이 이루어져야 세련되고 좋은 인간관계를 바탕으로 전공분야 전문인이 될 수 있다는 생각이 모아져 사회에 진출하기 앞서 필요한 서비스 매너교육의 내용을 담고자 하였다.

이제 21세기 세계화시대에서 서비스 매너는 선택이 아니라 필수라 해도 무리가 없을 것이다. 누구에게나 적용되는 것이고, 누구나 실천해야 할 생활방식이기 때문이다. 이러한 점에서 본서가 서비스 매너의 중요성과 실제적인 교육에 필요한 기본적인 지침서가 될 수 있기를 기대하며 많은 분들이 이 책을 보고 좋은 의견을 제시하여 주길 바란다.

끝으로 본서를 출간하는 데 고생한 그린출판사 임직원, 그리고 주변에서 격려와 도움을 주신 모든 분들에게 감사를 드린다.

CONTENTS

01 서비스의 이해

02 현대 서비스 경영전략

03 대인관계 서비스 마인드 개발

11 컴플레인 처리와 고객감동 유도법

12 고객만족

13 나의 생활 태도 바꾸기

서비스의 이해

1. 서비스

[1] 서비스의 정의

서비스의 어원은 라틴어 '세르브스(servus)'란 노예를 의미하는 말과, 영어의 'Servant', 'Servitude', 'Servile' … 등에서 유래되었다. 서비스란 우리의 재화, 봉사, 친절을 통해 손님을 만족시켜 주고 그것을 통해 우리들이 기쁨과 보람, 성취감을 느끼는 것을 말한다. 즉, 말과 이론이 아닌 Feeling, Action을 말하는 것이다.

서비스는 만지고, 보고, 냄새를 맡을 수 있는 유형적인 것이라기보다는 무형적인 행위와 성과이다. 즉 전반적인 서비스는 문제분석, 고객과의 만남, 사후처리 및 보고로 이어지는 '행위・과정・성과의 연속선'을 통해 고객에게 전달된다. 예를 들어 호텔, 외식업, 여행업 등의 핵심 제공물은 결국 고객을 위해 종업원이 수행하는 행위다. 광의의 의미로서 서비스를 정의할 때 서비스는 서비스업에서 제공될 뿐만 아니라 여러 제조업에 서 제품과 결합되어 제공됨을 알 수 있다.

국내외 주요 학자들의 서비스에 대한 정의를 살펴보면 다음과 같다.

학 자	정 의
미국 마케팅 협회 (AMA) 1960	서비스란 독자적으로 판매되거나 제품의 판매에 연계되어 제공되는 활동 · 혜택 혹은 만족이다.
Rathmell 1966	시장에서 판매되는 무형의 제품
차길수 1997	사람 · 제품 · 정보를 주 변환대상으로 한 생산공정 그 자체를 상품화한 것이다.
Zeithaml/Bitner 1998	서비스는 행위(deeds), 과정(processes) 및 그 결과인 성과(performances)이다.
이유재 1999	무형적 성격 띄는 일련의 활동으로서 고객과 서비스 종업원의 상호관계에서 발생하며, 고객의 문제를 해결해 주는 것이다.

이와 같이 여러 학자들의 주장이 다양한 만큼이나 서비스의 정의 역시 복잡하다. 현대 사회에서 서비스는 너무 널리 사용되고 있는 언어이다 보니 서비스의 개념을 명확하게 정의하기란 극히 어렵다. 서비스 자체가 매우 다양하고 복합적인 특성을 지니고 있으며, 서비스란 용어가 우리 주변의 어디서나 적용되고 밀접한 관계를 갖고 우리 생활과 공존하고 있기 때문이다.

또한 서비스재와 물재가 적절히 혼용되어 있기 때문에 한계를 명확히 한다는 것은 거의 불가능하다고 볼 수 있다. 따라서 서비스는 포괄적 개념으로 이해하는 것이 중요하다.

[2] 서비스의 개념

① Give & Take

② 서비스의 시작은

- 서비스맨이 고객에게
- 고객이 서비스맨에게

③ 서비스의 크기

- 서비스 맨 > 고객
- 서비스 맨 < 고객
- 서비스 맨 = 고객

④ Win-Win

진정한 서비스란 고객과 수직이 아닌 수평적 인간관계

[3] Moment Of Truth(MOT)

① 의 미

- 진실의 순간
- 진실의 순간→ 결정적 순간
- 투우에서 숨통을 끊을 마지막 일격을 찌르는 결정타의 순간
- 급소를 찔러 다시는 꺽소리를 못하게 하는 순간
- 피하려고 해도 피할 수 없는 입장

② 고객과의 첫 MOT 접점이 매우 중요하다.

③ 100-1은 0이다.

[4] 서비스의 중요성

서비스는 단순히 고객의 응대를 넘어서 거대한 산업으로 점진적으로 커지고 있다. 2004년 각 분야별 서비스 업체의 수를 살펴보면 다음과 같다.

사 업 체	사 업 체 수
부동산 및 임대업	113,155
사업 서비스업	83,108
교육 서비스업	96,490
보건 및 사회복지 사업	72,935
오락 · 문화 및 운동관련 서비스업	126,157
기타 공공수리 및 개인 서비스업	267,746

자료 : 통계청 (2004).

위의 표에서 보는 바와 같이 서비스는 한 곳에 국한 된 것이 아니라 사업 전반에 걸친 중요한 요소임을 알 수 있다. 이러한 서비스의 중요성에 대한 사항을 살펴보면 다음과 같다.

① 결승점이 보이지 않는 마라톤

② 컴플레인과 감동

③ 서비스를 잘 하는 직원

- 많은 고객을 불러 모음
- 매출을 발생
- 끊임없는 질 높은 이윤 창출

④ 나의 연봉을 좌우

- 서비스 때문에 살 맛 나는 직원
- 서비스 때문에 손해 보는 직원

⑤ 기업의 사활을 좌우

- 서비스를 잘 하느냐
- 서비스를 못 하느냐

⑥ 고객의 감동은 종사원이 좌우한다.

- 종사원 >기업

[5] 서비스의 특징

(1) 무형성

서비스의 근본적인 특성으로 가장 먼저 언급되는 것이 무형성이다. 왜냐하면 서비스는 그 자체를 만질 수도 볼 수도 없으며 오로지 정신적으로 이해하는 수밖에 없기 때문이다. 이와 같이 서비스는 물체가 아닌 활동이므로 성과 혹은 경험으로만이 상품을 인지할 수밖에 없다. 소유보다는 일시적인 경험의 성격이 강해서 제품처럼 소유 대상이 아닌 것이다.

서비스는 무형적인 것을 가능한한 실체적인 것으로 표현하는 것이 무엇보다 중요하다. 예를 들어 미용실을 찾은 고객에게 말로써 설명하는 것보다는 유형별로 다양한 머리 모양을 실은 카탈로그를 보여주고 고객으로 하여금 선호하는 머리 형태를 선택하게 하는 것은 무형의 서비스 결과를 유형화 시키는 좋은 예이다.

(2) 비저장성

서비스는 무형성을 띄고 있는 재화이다. 따라서 서비스는 생산되는 즉시 소비되고, 재고로 저장할 수 없는 비저장성이 있다. 예를 들어 항공 서비스나 호텔 객실 서비스의 경우 고객이 찾지 않을 경우 고객을 위해 준비했던 서비스는 그대로 소멸되어 지는 것이다. 이러한 소멸성은 공급이 경직되는 비저장성인 재고 불가능성을 의미한다.

(3) 일과성

서비스재는 무형으로 일과성이란 특징을 지니고 있다. 그러므로 그 품질의 파악이 어려우며 재화와 같이 완성품을 물리적으로 측정할 수 없다. 예를 들어 사진현상이나 세탁 등과 같이 서비스 대상이 물체인 경우 서비스의 측정이 쉬우나 호텔객실 서비스, 레스토랑의 음식 서비스 등 무형의 서비스에 대한 측정은 곤란하다. 그러므로 서비스는 고객이 직접 눈으로 볼 수 있게 유형화 하는 것이 중요하다. 예를 들어 호텔에서 화장실 청소 상황에 대해서 청소했음을 알리는 "소독 끝"이라는 띠를 둘러 표시하는 것이 유형화의 한 예이다.

(4) 불가역성

서비스는 원래대로 되돌릴 수 없는 불가역성을 지닌다. 물리적인 재화인 경우에는 판매된 제품을 환매, 전매, 물림 등 본래의 상태로 환원이 가능하지만 서비스의 경우는 본래의 상태로 회복이 불가능한 특징을 가지고 있다. 그러므로 서비스에 문제가 있을 시에는 고객을 납득시킬 수 있는 보상이 필요하며, 고객에게 사죄를 하는 것 이외에는 본래의 상태를 유지하는 것은 어렵다.

(5) 비균질성

서비스는 주체인 사람에 대한 의존도가 높아 균질성이 낮다. 그러므로 서비스가 고객에게 전달될 때에 서비스 품질을 유지하기 위해서는 고객과 직접 접촉하는 서비스맨의 서비스의 방법이나 접객 대응 방법등의 표준화된 매뉴얼을 제공하고, 서비스맨들의 교육훈련을 실시함으로써 서비스 질의 균질화를 실현할 수 있도록 노력하는 것이 시급하다.

(6) 인식의 곤란성

서비스는 기본적으로 측정할 수 없고 파악하기가 곤란하다. 물리적 재화는 원료의 종류나 생산 공정 등의 계량화가 가능하고 생산된 제품에 대한 물리적 파악이 가능하나 서비스의 경우 무형성을 Elam로 객관적인 인식이 곤란하며, 고객의 주관적 인식에 의존도가 높다. 예를 들어 호텔 서비스의 경우 호텔을 이용하는 고객의 상태와 주변 환경이 시시각각 다르기 때문에 주문하는 서비스가 다르고 같은 서비스를 제공하더라도 고객 개개인의 성향에 의해 서비스의 질을 인식하기 때문에 서비스는 주관적일 수밖에 없는 것이다.

2. 서비스의 폭 : 특1급 호텔 사례 ☺ 😐 ☹

[1] 고객이 기대하는 서비스

① 특 I 급 호텔에 가면 특 I 급 호텔의 서비스를 기대한다.
② 특 I 급 호텔은 무조건 서비스나 시설이 다 최고 일 줄 안다.
③ 처음 호텔에 입장하는 순간부터 고객의 기대는 더욱 부푼다.
④ 이곳에선 좀 더 제대로 된 서비스를 받을 수 있겠구나!
⑤ 어떤 서비스가 있을까?
⑥ 혹 부담스럽지는 않을까?
⑦ 더 많은 서비스 교육을 받았을 것이다.
⑧ 일반 식당가 종업원과 전혀 다른 느낌을 기대
⑨ 비싸니까 서비스가 좋겠지!
⑩ 고객을 우선
⑪ 내가 원하는 것을 알아서 해 줄 것이다.
⑫ 진짜 유명한 이유가 있겠지!
⑬ 음식의 맛은 비슷할 수 있어도 서비스 면에서 차별화 되어 있겠지!
⑭ 감동을 주는 직원이 있겠구나!
⑮ 얼마나 더 우수한 서비스를 제공받느냐에 따라 나는 움직일 거야!
⑯ 초점이 서비스 시대

⑰ 직원이 고객에게 더욱 잘 서비스하도록 정책을 세워 놓았겠지!
⑱ 고객 만족, 고객 감동, 고객 졸도
⑲ 기대이상의 서비스를 또 경험할 수 있겠지?
⑳ 밝은 미소로 전 직원이 맞아 주겠지?
㉑ 대기하고 있던 직원이 도와주겠지?
㉒ 복장은 단정하겠지?
㉓ 정중하고 예의바르겠지?
㉔ 두리번거리면 나에게 말을 걸어오겠지?
㉕ 추가 서비스
㉖ 전화 응대는 솔 톤으로 받을 거야!
㉗ 나에게 맞는 음식을 제대로 추천해 줄 거야!
㉘ 모든 걸 다 알고 있을 거야!
㉙ 사후관리가 완벽 할 거야!
㉚ 좋은 서비스를 받게 된다면 이다음에 또 …

[2] 고객이 실망한 서비스

① 세팅이 미흡
② 말의 속도가 너무 빨라 이해 할 수 없었다.
③ 고객과의 eye contact를 잘 하지 못하고 주문 받는 동안 Table만 쳐다보았다.
④ 음식 서브 시 "실례합니다"란 말이 없었다.
⑤ 식사 마친 그릇을 옆으로 빼두었지만 물어 보지도 않았고 말하기 전까지 치워 주지도 않았다.
⑥ 계산 시 얼마가 나왔는지 말도 없었고 돈을 내자 얼마를 받았는지 거스름돈은 얼마인 지 말도 없이 계산
⑦ 들어갈 때는 인사를 잘 하더니 나올 때는 다들 일들이 바빠서 인사도 하지 않았으며 고객이 나가는 줄 도 모르고 있었다.
⑧ 고객이 왔는데 웃지도 않고 인사도 제대로 하지 않았다.
⑨ 주문을 받는데 어떤 맛이냐고 물으니 잘 모르겠다고만 했다.
⑩ 음식이 나왔는데 "맛있게 드세요" - 너무 작고 말끝을 흐려 답답했다.
⑪ 고객의 요청을 잊어버리고 있었다.

⑫ 두리번거리는 고객에게 다가오는 직원이 없다.
⑬ 음악이 너무 커서 대화에 지장이 있었다.
⑭ 상사가 고객 앞에서 꾸지람
⑮ 휴대폰을 사용
⑯ 직원이 벽에 기대 있었다.
⑰ 식사 시 약간 부담스러운 시선
⑱ 직원들의 어수선한 분위기
⑲ 숙달된 직원이 별로 없다.
⑳ 서비스에 대한 지식이 부족, 고객의 요구를 알지 못했다.
㉑ 신속하지 않았다.
㉒ 앉아 근무하는 직원, 일어나 인사하지 않았다.
㉓ 음식의 차이를 물어 봤을 때 A코스보다 B코스가 저렴하다는 등 엉뚱한 대답
㉔ 직원의 성의가 부족, 언제 물이 떨어 졌는지 …
㉕ 식사 후 음식의 맛이 어떠했는지 물어 보지도 않고 후식은 어떻게 …
㉖ 식사를 마치고 나가는데 적당히 안녕히 가십시오.
㉗ 직원의 말에서 품위가 떨어짐을 느낌
㉘ 직원끼리 모여서 잡담
㉙ 미소가 없는 직원
㉚ 서비스가 적당한 수준
㉛ 청결하지 못함.
㉜ "네" 보다 짜증 섞인 목소리로 "잠시 만요"가 먼저 나왔다.
㉝ 주문을 받을 때 손가락으로 가리키면서
㉞ 직원의 지쳐 보이는 이미지
㉟ 고객을 멀뚱멀뚱
㊱ 주문보다는 하던 일이 더 급한 것 같았다.
㊲ 화장실 안내 시 그냥 서서 손가락으로
㊳ 사적인 전화
㊴ 소극적
㊵ 주문 재촉
㊶ 불쑥 나타나 말없이 그릇을 가져가는 경우

㊷ 고객을 응시하지 않는 경우

㊸ 망설이는 고객에게 서서 보기만 하거나 그냥 스쳐 지나가 버렸다.

㊹ 상품지식이 부족

㊺ 음식을 서브한 후 서비스가 멈춤

㊻ 최고의 서비스가 아닌 아쉬운 서비스

㊼ 직원이 할인혜택을 모른다.

㊽ 고객의 의견을 묻기 전에 임의로 판단

㊾ 옆 Table이 소란스러움

㊿ 컵에 립스틱 자국

51 바쁠 때 서비스가 소홀

52 지나치게 빠른 움직임은 약간의 불안감

53 항상 기다렸다가 종업원을 찾아야 했다.

54 인사 시 덧붙임이 없었다.

55 손톱이 길었다.

56 고객이 나간 후 종업원들끼리 고객에 대한 얘기를 한다는 것은 매우 불쾌

57 옆에서 꼼꼼히 챙겨 준 것은 고맙지만 개인적인 대화 못했다.

58 너무 기계적

59 진심으로 나를 위하는 것이 아닌 가식적 느낌

60 여러 번 얘기 끝에 요구를 들어 주고

61 성의가 없이

62 고객이 불러도 못 듣고 지나갔다.

63 고객 뒤에서 험담

64 무뚝뚝한 말투

65 표정은 깐깐

66 말씨가 쌀쌀맞음

67 어린이들을 통제하지 않았다.

68 고객의 말에 경청하지 않았다.

69 대답 없이 고개만 까딱

70 고객에게 짜증

71 고객과 언쟁

72 고객의 지적을 서로 떠넘기기

⑬ 껌을 씹으며
⑭ 퇴근시간이 되면 고객이 묻던 말던 난 퇴근 시간이니 집에 간다는 식의 태도
⑮ 귀찮다는 말투
⑯ "감사합니다", "죄송합니다"란 말을 사용 할 줄 모른다.
⑰ 음식 먹을 때 너무 지켜보는 것은 불쾌하다.
⑱ 너무 무관심해도 싫다.

[3] 고객이 만족한 서비스

① 고객에게 밝게 웃으며 인사, 친절히 자리 안내
② 먹기 불편한 음식이 나오자 "잘라드릴까요?"
③ 계산을 앉아서 할 수 있도록
④ 계산 시 얼마가 나왔는지 얼마를 받았는지 거스름돈을 정확히 말해주고
⑤ 계산하는 동안 미리 엘리베이터를 눌러 주어
⑥ 고객의 말에 맞장구를 잘 쳐주어
⑦ 메뉴판을 보여 드릴 때 "실례합니다."
⑧ 고객과 eye contact를 잘 하고
⑨ 고객의 눈높이 맞추어
⑩ 주문 후 재확인, "실례합니다. 주문하신 ~입니다."
⑪ 음식을 서브하면서 "맛있게 드십시오."
⑫ 환송 시 인사를 더욱 잘 하며 "즐거운 시간 되셨습니까?"
⑬ 직원의 말투가 ~하시겠습니까?
⑭ 직원들의 깔끔한 옷차림
⑮ 환영과 환송에 한결 같은 친절함
⑯ 밝고 생동감 있어 보임
⑰ 먼저 다가와
⑱ 재치 있는 서비스
⑲ 솔 톤의 목소리
⑳ 직원이 계속 Table 상태를 확인하고
㉑ 정중한 인사

㉒ 주문 시 고객의 눈을 바라보며
㉓ 신속함
㉔ 사소한 것 배려
㉕ 상냥, 기분 좋은 표정
㉖ 주문은 일행이 오시면 천천히
㉗ 주문하려 두리번거렸을 때 재빨리 와서 "필요하신 거 있으십니까?"
㉘ 세세한 것까지 챙겨 주는
㉙ 화장실, 영업장을 직접 안내
㉚ 다양한 인사말 "날씨가 무척 화창하지요?"
㉛ 붉은 립스틱
㉜ 고객을 진심으로 맞이해 줄 때
㉝ 오래 알고 지낸 듯한 느낌을 주는 친숙한 미소
㉞ 내 집 같은 편안함
㉟ 추가 서비스
㊱ 관심
㊲ 컵의1/2이라도 남아 있으면 즉시 리필
㊳ 불편한 점은 없으십니까? 음식이 맛이 어떠십니까? 조심스럽게
㊴ 상품지식이 완벽
㊵ 센스 있는 움직임
㊶ 미소를 잃지 않고
㊷ 메뉴를 적절히 추천할 줄 알고
㊸ 시설에 대한 친절한 안내
㊹ 장시간 있어도 전혀 부담을 주지 않고
㊺ 바로 처리
㊻ 무엇을 필요로 하는지 아는
㊼ 기본적 교육이잘 되어
㊽ 일을 하던 직원이 직접 안내
㊾ "오래 기다리게 해서 정말 죄송합니다."
㊿ 깨끗한 로비
51 고객을 최대한 기분 좋게
52 예의

(53) 열정적
(54) 기다리는 동안 지루하지 않게
(55) 고객을 먼저 생각
(56) 신뢰
(57) 고객과 같이 즐거워
(58) 정성
(59) 기대하지 않았을 때
(60) 고객에게 이익이 되는 결정을 내려 주었을 때
(61) 불만고객을 소중하게 생각해 주었을 때
(62) 고객의 말에 귀를 기울일 때
(63) 고객의 사후 관리
(64) 고객을 왕 모시듯
(65) 처음 간 곳에서 모든 직원이 나를 향해 인사했을 때
(66) ~해 줄 수 없을 때 도 싫은 내색 없이
(67) 바쁠 때도 미소
(68) 예견 서비스
(69) 고객의 불편을 해소
(70) 말 한마디
(71) 할인
(72) 작은 선물
(73) 좋아하는 것은 더 듬뿍
(74) 분실물
(75) 끝까지 책임지는 자세
(76) 차별화
(77) 상냥한 마음씨
(78) 자리에서 일어나 인사
(79) 두 손으로
(80) 고객 맞을 준비가 되어 있다.
(81) 친절한 어조
(82) 작은 서비스가 하나하나 더해져서
(83) 고객의 이름을 불러준다.

84 존경
85 꽃 알레르기가 있는 고객의 Room안에 꽃을 모두 치워놓았다.
86 항상 미소로 화답
87 고객이 왼손잡이일 경우 세팅을 바꿔 주는 것
88 고객의 일을 자신의 일처럼
89 고객감동 → 평생고객

[4] 호텔리어가 고민하는 서비스

① 서비스의 꽃?
② 현재 객실 서비스의 문제점?
③ 현재 식음료 서비스의 문제점?
④ 서비스를 받아도 고객들은 감동을 하는 것 같지 않다.
⑤ "서비스가 좋다" 이런 말은 언제 하는 것인가?
⑥ 서비스는 예전부터 있었을까?
⑦ 요즈음 "엔젤 서비스"를 하는 이유는?
⑧ 서비스의 기본은?
⑨ 처음 간 호텔, 나름대로 기대하고 들어갔는데 서비스 값이 꽤 비싸다?
⑩ 남대문 시장, 백화점, 호텔의 인사 서비스
⑪ 나 하나쯤이야? 하는 식의 생각
⑫ 서비스 기업은 광고보다는 구전에 의한 정보를 더욱 신뢰한다?
⑬ 한번 감동 받은 고객은 언제나 또 다른 감동을 기대한다.
⑭ 서비스가 모두 같다?
⑮ 음식 가격에 서비스는 얼마나 포함되어 있을까?
⑯ 가격에 따라 서비스 질이 다를까?
⑰ 같은 가격에 같은 업종의 서비스를 받는 다면 차이?
⑱ 서비스를 받는 건 고객의 입장에서 당연한 것일까?
⑲ 저렴한 가격에 양질의 서비스가 가능할까?
⑳ "대체적으로 만족했고 그다지 불편한 점은 없었다."안심해도 되겠는가?
㉑ "엄숙, 세련, 깔끔, 약간의 부담감을 주기도 했다."어떻게 풀 것인가?
㉒ 진정으로 나를 위한 서비스가 아닌 가식적인 느낌이 많이 들었다?

㉓ 프런트의 서비스가 너무 기계적이라는 생각?
㉔ 너무 잘 하려는 듯 한 모습이 오히려?
㉕ “괜찮았다” 는 무엇인가 부족했다는 의미일까?
㉖ 자유롭지 못한 곳?
㉗ “정말 최고라고 말 할 수 있는 서비스를 받았다” 그 뒤 단점을 얘기?
㉘ 개개인이 느끼는 서비스는 다르다. 같은 곳, 같은 가격, 같은 직원의 서비스라 하더라도
㉙ 서비스 교육을 실시하면 서비스는 무조건 향상 될 것이다?
㉚ 그곳은 고급스러우니까 서비스도 좋아?
㉛ 종업원이 자신이 원하는 것을 알아서 해주었는데도 감동하지 못했다?
㉜ 내가 원하는 것을 직접 옆에서 하나하나 챙겨 주지 못하는 서비스였지만 그곳을 방문 한 후 내 기분까지 좋아졌다?
㉝ 서비스의 양은 떨어지더라도 서비스의 질이 우수하다면?
㉞ 서비스는 참 힘든 일이다.
㉟ 서비스의 완벽이란?
㊱ 서비스는 서비스 맨의 2초로 좌우?
㊲ 한 번 실수로 등을 돌린 고객에게?
㊳ 서비스의 완성도는 무엇에 달려 있나?
㊴ 서비스를 습관화?
㊵ 고객의 마음을 얼마만큼 잘 읽는가?
㊶ 서비스는 서비스 맨에게 달려 있다?
㊷ 서비스 맨의 서비스란 내 자신을 고객에게 알리기 위한 P.R?
㊸ 다시 찾아오고 싶은 생각을 들게 했다면 최고의 서비스
㊹ 특별한 관심?
㊺ 작은 배려?
㊻ 열정적이고 성실한 모습?
㊼ 고객 예견 서비스
㊽ 고객을 내 자신 대하듯 이
㊾ 진심?
㊿ 이벤트
51 Mind

(52) 편안함
(53) 자신의 개성을 살려?
(54) 고객과 같은 생각?
(55) 고객의 마음을 얻으려면
(56) 단골 고객 + α
(57) 몸에 친절이 베인 사람의 서비스는 당연 차이가 있다?
(58) "좋은 호텔이니까 이 정도 하겠지"를 넘어서야
(59) 서비스의 기준을 감동에서부터
(60) 고객을 웃게 만들 수 있는 능력?
(61) 컴플레인 극복 방법
(62) 고객 감동을 어떻게 얻을 것인가?
(63) 서비스는 끝이 없다?

[5] 고객감동을 뛰어 넘을 서비스 : 기대 못한 서비스(Unexpected Service)

① 미소가 떠나지 않았다.
② 먼저 반기고 기억
③ 안부 한 마디
④ 한 걸음 먼저 다가서서
⑤ 경청
⑥ 칭찬
⑦ 고객이 원하는 서비스를 제공
⑧ 바쁠 때
⑨ 센스
⑩ 메모

[6] 호텔리어의 창조 서비스

① 전 략
- 가장 주력해야 하는 Target 고객층
- 마케팅 방법

• 경쟁력(인력관리)

② 핵심부서

• 객실-객실 판매 증대 방안
• 식음료-식음료 판매 증대 방안
• 부대 영업장-부대 영업장 판매 증대 방안
• 기타

[7] 호텔리어의 창조 서비스+ α

대고객 서비스의 완성도는 종사원의 직무 만족이다.

① 직 무

• 나의 일에 흥미와 열정
• 직무의 다양성
• 학습기회
• 난이도
• 직무의 량
• 성공에 대한 기회

② 임 금

• 임금액
• 임금 결정 방법 및 기준이 공정
• 인상 기대

③ 승 진

• 승진기회
• 인사고가 평점의 공정성
• 승진기준

④ 인 정

• 성과에 대한 칭찬
• 작업 수행 능력

⑤ 부가 급부

• 휴가제도

- 후생 복지
- 해외 연수 기회
- 동우회
- 휴식 시설

⑥ 작업 여건
- 근무 시간
- 휴식 시간
- 근무 시설 및 환경
- 벤치마킹
- 교육 훈련

⑥ 감독
- 부하 직원에게 공정
- 상사와의 관계
- 상사의 리더쉽은 민주적

⑦ 동료
- 공동체 의식
- 의사소통
- 신뢰
- 칭찬

⑧ 경영
- 임금과 부과급부
- 관심

[8] 나의 직무만족은?

① 타 호텔의 이직용의 여부
② 대고객 서비스 정도
③ 매출에 관한 기여도
④ 현재 직무에 대한 만족도
⑤ 매출 향상을 위한 연구열의

3. 고 객

[1] 고객이란 누구를 말하는 것인가?

① 상품 및 서비스를 제공 받는 사람들
② 소비자
③ 우리에게 월급을 주는 사람
④ 자신이 원하는 것을 직원이 알아서 해 주기를 바라는 사람
⑤ 고객은 우리가 준비한 파티의 주인공

[2] 고객의 종류

① 프로 서비스 맨
② 우리 회사를 찾아 주시는 고객님

- 잠재 고객
- 기대 고객
- 일반 고객
- 장기 투숙객
- 단체 고객
- Walk-in Guest
- VIP
- 실망한 고객
- 만족한 고객
- 감동한 고객

[3] 서비스 맨의 오해

① 고객은 '판매의 대상'이 아닌 '관리의 대상'이다.
② 고객은 우리에게 귀찮은 존재가 아니라 그들을 위해 바로 우리가 존재하는 것이다.
③ 고객이 우리에게 의존하는 것이 아니라 우리가 고객에게 의존 하는 것이다.

④ 우리가 고객에게 서비스로 호의를 베푸는 것이 아니라, 고객이 우리에게 서비스 할 기회를 제공, 결국 고객이 우리에게 호의를 베푸는 것이다.
⑤ 고객이 원하는 것을 수행 하는 것이 바로 우리 업무의 1 순위인 것이다.
⑥ 고객 위에 군림 할 수 있는 서비스 맨은 이 세상엔 없다.
⑦ 옳고 그름을 따지기 전에 고객의 기분이 가장 중요하다.
⑧ 고객은 천차만별, 고객이 기대하는 서비스는 모두 사람마다 다르다.
⑨ 고객은 기업의 전부다.

[4] 감동한 고객의 특징

① 한번 감탄한 고객은 우리의 서비스를 기억 한다.
② 언제나 감탄 할 준비를 하고 있다.
③ 기업의 상품을 재구매
④ 고정 고객
⑤ 우리 회사 홍보 대사
⑥ 매출 증대
⑦ Key-man
⑧ 평생고객

[5] 고객 구전의 효과는 절대적

① 감동은 최고의 마케팅 효과
- 가족
- 친구
- 주변 사람들

② 실망은 최악의 마케팅 효과
- 가족
- 친구
- 주변 사람들

[6] 일반 고객

① 할아버지, 할머니
② 40~50대의 연령층
③ 20~30대의 연령층
④ 10~20대의 연령층
⑤ 10세 미만
⑥ 남성 고객
⑦ 여성 고객
⑧ 남성, 여성 고객
⑨ 부모와 어린이

[7] 폭탄 고객

말과 행동을 더욱 조심해야 한다.

① 장애가 있는 고객
- 심리?
- 시각
- 청각
- 신체 부분 장애
- 언어

② 결벽 증세가 있는 고객
- 심리?

③ 특 I 급 VIP 고객
④ 어린이
⑤ 말이 없는 고객
⑥ 외국인 고객
⑦ 성급한 고객
⑧ 화난 고객

[8] 내 이름은 바로 VIP 고객?

① 가끔 , 아니 종종 보통 사람들이 보기엔 아무것도 아닌 듯한데 불끈불끈 화를 내는 사람
② 성격 파탄자?
③ 인상이 차갑다.
④ 표정이 없거나 미소가 없다.
⑤ 웃음을 아낀다.
⑥ 접근 금지
⑦ 원리 원칙을 중요시 함, 이치에 어긋나는 행위는 절대 못참음.
⑧ 약속을 목숨처럼
⑨ 오직 자신만을 위한 서비스를 기대
⑩ 특별한 대우를 받기를 원하나, 사실 순서대로 정확히 모든 일을 처리해 줄 수 있는 직 원을 더 원한다. 감동이 아니더라도 좋으니 서비스 맨이 할 일이라도 제대로 해줘라.
⑪ 감동을 주기는 역시 매우 힘듬.
⑫ 의심이 많다.
⑬ 남의 말을 쉽게 받아들이지 않는다.
⑭ 성격이 매우 자기중심적이며 까다로움
⑮ 셈에 강하다.
⑯ 말이 청산유수
⑰ 잦은 컴플레인
⑱ 이해시키기 힘들다.
⑲ 직원들로부터 존경 받기를 원함.
⑳ 명예를 소중히
㉑ 대부분 성공한 사람
㉒ 회사 매출에 핵심
㉓ 전문가
㉔ 걸음이 빠르다.

[9] VIP 고객에게 특히 주의해야 할 사항

① 순서가 바뀌는 걸 매우 불쾌해 한다.

- 고객에게 양해를 구하지도 않고 중간에 다른 사람의 Order를 먼저 처리
- 자기 차례에 다른 사람을 먼저 계산
- VIP는 말없이 자기 자신의 차례를 기다린다.(점잖게)
- 기다렸다가 자기 차례를 놓이면 몹시 불쾌해 한다.
- 항시 순서대로 처리해야 하고 차례가 되면 권유 할 줄 알아야 한다.

② 말이 많다.

- 완벽주의자들, 보이는 것들에서 허술함을 얘기한다.

③ 약속 늦어짐, 약속을 어김을 매우 싫어함.

- 연기
- 정확한 이유를 설명

④ 다짜고짜 ---고객님이시죠?

- 어느 부서에 근무하는 ---, 상냥하게 분명하게 먼저 알리고

⑤ 남들이 보기에 아무것도 아닌 걸로 예민하다.(다열질)

⑥ 작은 문제라도 자기 마음대로 안 될 때 화낸다.

⑦ 주문을 잘못 받았을 때 엉뚱한 걸 가져온다든지,

⑧ 기물류 청결 상태, 컵의 상태(이 빠진 것, 금이 간 것을 확인 못했을 때

⑨ 재료의 신선도가 떨어질 때

⑩ 자신이 늘 찾는 음식이 품절 되었을 때

⑪ 자신이 늘 먹는 음식 코스를 담당직원이 신경써 주지 않을 때

⑫ 테이블 위의 그릇을 신속히 치워주지 않을 때

⑬ 직원을 불렀는데 늦게 올 때

⑭ 음식 맛이 없을 때

⑮ 직원이 말대꾸 할 때, 자신의 의사와 전혀 다르게 얘기 할 때

⑯ 직원의 표정이 안 좋을 때

⑰ 직원보다 자신이 먼저 인사 할 때

⑱ 무엇을 달라고 했을 때 반만 이행했을 때

⑲ 환송 시 인사 안 할 때

⑳ 고객을 응시 하지 않고 일을 할 때

㉑ 자꾸만 하기 싫은 것을 권유 할 때
㉒ 직원의 복장, 메이크업, 특히 두발 상태가 단정치 못 할 때
㉓ "실례합니다. 죄송합니다."를 사용 안할 때
㉔ 어수선한 시장통 분위기
㉕ 사람이 많은 것 도 싫어 함
㉖ 여유가 없는 것 도 싫어 함
㉗ 서비스 하는 사람이 바뀌는 것 도 싫어 함
㉘ 자신의 말을 다 이해하기도 전에 부정하면 싫어 함
㉙ 2번 얘기 하는 걸 싫어 함
㉚ 좋은 서비스를 받았을 때 그 서비스를 유지하고 싶어 하고 더 좋은 서비스를 기대한다.

[10] 성격 파탄 고객을 한 번에 무너뜨릴 수 있다면 당신이야 말로 최고의 서비스 맨

① 정중함
② 친근감만으로는 부족
③ 필요 이상의 말은 금물, 말해봤자 호응도 없다.
④ 행동이 먼저 앞서 선 금물
⑤ 타이밍
- 그를 귀찮게 해서 친절을 망치느니 나를 부를 때까지 꾹 참고 기다리자.
- 그보다 좀 늦게 맞춰 가라.
- 그를 파악하라.
- 그가 나를 부르면 그때부터 나도 한 발작 다가 설 수 있다.
- 비로소 그와 친구가 될 수 있는 가망성이 보이는 것이다.

⑥ 그 다음에 필요한 것 들을 예견 서비스 해줘라.
⑦ 정중한 당신에게 $+\alpha$ 친근감까지 느껴 당신의 친구가 되어 주기를 자청 할 것이다.
⑧ 그때 못이기는 척하고 가다렸다는 듯 이 그의 Best friend가 되어 줘라.
⑨ 그래도 결코 늦지 않는다.
⑩ 한걸음, 한걸음

4. 최고의 서비스 맨이 되기 위한 7가지 전략 ☺ 😐 ☹

(1) 전체적인 정중함 : 품위

① 유니폼
② 두발
③ 구두
④ 메이크업
⑤ 자세

(2) 얼굴 이미지

① 긴장감
② 전체적인 밝은 미소
③ 친근감(서양인 고객)
④ 우아함(동양인 고객)
⑤ 정중함

(3) 눈빛

① 나는 프로 입니다.(자신감)
② 서비스 맨 다움 (겸손함)

(4) 행동

① 열정적
② 신속
③ 정확

(5) 말 씨

① 정중함
② 상냥함
③ 긍정적

④ 언행일치

(6) 고객 구분

① 고객 자신보다 고객에 대해 더 잘 알고 있어야 한다.
② 처음 본 순간 고객과의 벽을 무너뜨릴 수 있어야 한다.

(7) 철학

① 고객을 두려워하지 마라.
② 고객을 기억 하라. (외모, 이름, 방 번호, 취향)
③ 고객의 이름을 불러 줘라. (당신이 우리 회사의 "VIP이십니다."란 느낌이 들도록)
④ 환영 시 끌어안아 줄 정도로 진심으로 반겨 주고, 환송 시 눈물 연기가 가능하도록 서운함과 아쉬움을 표현해 줘라.
→ 다시 올 것을 간접 약속 받아라. (예전엔 경관이 좋고 조용해서 이곳을 찾았었는데 열정적으로 서비스 해 준 --- 님이)
그리워서 , 보고 싶어서 오겠습니다. 고객님의 마음을 담보로 잡아야 함
→ 매출과 즉시 연결
⑤ 고객의 마음을 훔친 도둑이 되라.

5. 최고의 서비스 맨이 되기 위한 7가지 전략 + α☺ 😐 ☹

[1] 너무 늦은 서비스 : - α 타이밍

① 김빠진 콜라
② 향이 달아난 커피
③ 죽은 생선의 회 맛
④ 바삭하지 않은 튀김
⑤ 식은 탕수육
⑥ 부른 자장면

⑦ 녹은 아이스크림

⑧ 미지근한 수박화채

⑨ 식은 치즈 파스타

⑩ 식은 랍스타

[2] 너무 이른 서비스(−α타이밍)

① 설익은 감자

② 국물이 덜 우러난 어묵국

③ 국물이 덜 밴 떡볶이

[3] 왜 선호하지 않을까?

가장 맛있는 때를 알기에 먹기 싫어합니다.

[4] +α실천

① 한식당에서 자극적인 음식을 먹고 막 혀가 얼얼한 순간
→ +α 바로 얼음 같이 시원한 음료수를 서비스

② Bar에서 신나게 춤추던 단골 고객이 막 땀을 뻘뻘 흘리며 착석하는 순간
→ +α 얼음 같이 시원한 물수건과 물 대신 레몬에이드 서비스
→ +α 즐거우셨습니까? 에너지 소모 많이 하셨으니 레몬에이드로 빨리 비타민 충전 하세요.물론 서비스입니다.

③ 얼음물 속의 얼음이 녹을 시점을 막 예견한 순간
→ +α 먼저 다가가 바로 새것으로 바꿔 드리는 서비스

④ Buffet에서 고객 옆을 지나가다 막 고객이 Plate를 들려는 순간
→ +α 친근감 있게 다가가는 서비스
→ +α 두 손으로 공손히 Plate를 먼저 들어서 권유

⑤ 금연석에 착석, 담배를 태우는 고객이 막 직원을 부르려는 순간
→ +α 주문하신 음료와 함께 찾을 것을 예견하여 재떨이를 함께 가져가는

서비스

⑥ 음료, 주류 드실 때 한 모금 막 남은 순간

→ + α 다가가 더 하시겠는지 여쭙는 서비스

⑦ 갑자기 비가 쏟아져 난감해 하는 고객을 막 본 순간

→ + α 고객을 부르며 우산을 들고 뛰어 오는 서비스 맨

⑧ 담배를 입에 물은 고객이 주머니의 이곳저곳을 막 찾는 순간

→ + α 먼저 불을 붙여 드리는 서비스 맨

⑨ 고객이 엘리베이터에 막 다가오는 순간

→ + α 이미 문이 열려 있는 서비스

→ + α 고객이 Room으로 가신다고 할 때Room번호를 기억하여 바로 층을 눌러 드리는 서비스

⑩ 고객이 나를 막 보는 순간

→ + α 고객의 이름을 부르며 반기는 서비스 맨

[5] 명함 드리는 타이밍

① 감사편지에 관한 사례

- 고객의 감사의 편지를 받았을 때 직원이 12명이나 되는데 어떻게 유독 그것도 정확히 Kim Eun Sun(서양인), 金銀善(일본인), Silvia(서양인)쓰시나?
- 가뜩이나 한국 사람도 아닌 외국인이 이름 외우기도 힘들 텐데
- 나쁘게는 어째서?
- 좋게는 한 수 배워 보자?
- 직원1) 명함을 주던데, 아냐?
  → 한 가지 알려 드린 것이 예, 명함을 드립니다.
- 직원1) 별거 아니구나!
  → 그런데 명함을 드렸는데도 그 후 그 직원에게 감사 편지는 한통도 발생하지 않았다.
- 직원 1. 만나는 고객마다 명함을 드렸는데도 왜 나한테는 감사 편지를 안 써주는 거야?
- 질문 1. 여러분 무엇이 가장 큰 문제입니까?

• 질문 2. 여러분 언제 주어야 하는 겁니까?

② 열 쇠

• 타이밍이 답입니다. (물론 고객 감동 서비스를 완벽하게 하실 수 있는 능력을 전제)

• 고객님이 나의 서비스에 눈물 나게 감사해 하시는 순간에 내가 주는 것?+ α

• 고객님이 나의 이름을 묻습니다. 그 순간을 잘 기다렸다가 그 순간에 ("고객님 감사합니다. 저의 서비스를 느껴 주셔서 무어라~)

• 공손히 두 손으로 드리는 겁니다.

• 노력하면 반드시 고객 감사 편지는 우수수 쏟아집니다.

[6] 타이밍도 테크닉

① 때론 조금 더 여유롭게

→ 고객 환송 시 고객의 차량이 완전히 보이지 않을 때까지 고객의 가시는 길에 손을 흔들어 주자.(+ α 비가 조금 내릴 지라도)

② 재빠르게

→ 차량을 놓친 고객 앞에서 그 고객보다 먼저 달려가 차량을 잡아 드리자.(+ α 잡지 못 할지라도 연기)

6. 서비스 인재상 바로 실천하기 ☺ 😐 ☹

(1) 고객 앞에서는 오지랖이 넓은 서비스 맨이 되라.

(2) 고객 앞에서는 칭찬하는 서비스 맨이 되라.

(3) 고객 앞에서는 웃음을 주는 서비스 맨이 되라.

(4) 고객 앞에서는 사랑을 주는 서비스 맨이 되라.

(5) 고객 앞에서는 치장하는 서비스 맨이 되라.

(6) 고객에게 추억을 주는 서비스 맨이 되라.

(7) 고객에게 꼭 필요한 서비스 맨이 되라.

(8) 고객이 보고 싶어 하는 서비스 맨이 되라.

(9) 고객을 늘 감동 시키는 서비스 맨이 되라.

(10) 고객이 쫓아다니는 서비스 맨이 되라.

7. 고객감동 + α

[1] 서비스

① 2등 : 2등은 1등의 쾌감을 결코 알 수 없다.이 교재를 통해서 책만으로도 2등은 될 수 있다. 그러나 1등이 꼭 되고자 한다면 자신의 끊임없는 아이디어 개발로 날마다 차별화된 서비스를 창출해야만 한다.4.5만점의 장학생은 결코 남들과 똑같은 답안지를 작성하지 않는다.2등이 늘 뛰어 넘을 수 없는 자신만의 전략이 따로 있기 때문이다. 서비스에서의 1등도 늘 노력하고 변화하는 자의 결과인 것이다.

② 뜨개질 : 목도리를 떠서 남자 친구에게 선물 할 생각으로 정신없이 뜨개질을 하다보면 어느새 새벽, 하루하고 반 만에 목도리 하나를 완성 할 때 도 있었다. 그런데 마무리 단계에서 보니 어느 순간부터 코 하나가 문제가 되어 다시 다 풀어야 하는 때가 있다. 때로는 잘 처리 했던 일인데 나중에 알고 보면 고객의 말을 제대로 경청하지 않고 너무 성급히 판단하고 처리하여 큰 컴플레인이 되어 다시 일을 처음으로 돌려야 하는 일 들이 발생한다.

[2] 고 객

① 고객은 영원한 다섯 살이다.

② 어느 어른이 다섯 살 꼬맹이와 열불 내며 싸움을 할까요?

[3] 최고의 서비스 맨

• 현재 최고의 서비스 맨의 경쟁력은 유머가 있는 서비스 맨이다.

현대 서비스 경영전략

1. 서비스 : 기업의 최대 경쟁력 요소 ☺ 😐 ☹

우리는 서비스가 중심이 되고 서비스에 민감한 시대에 살고 있다. 미국에서 국내 총생산의 74%와 7,900만 개의 일자리가 제조업이 아닌 서비스 산업에서 창출되고 있다. 또 생산된 제품이 상품화되면서 그에 동반하는 서비스의 품질과 다양성이 시장의 성패를 결정짓는 중요한 변수로 등장했다.

우리 경제의 구조와 비즈니스 방식은 변하고 있다. 시장은 재화 중심에서 서비스 중심으로 이동하고 있다. 액코프는 이러한 현상을 '제 2의 산업혁명'이라고 했으며 나이스비트는 '정보화 사회의 시작'이라고 했다. 이 변화는 피할 수 없는 현실이며 매우 중요하다.

서비스란? 눈에 보이지 않는 것을 생산하는 산업을 의미한다. 서비스의 요소들을 살펴보면, 다음과 같다.

① 교통, 커뮤니케이션, 공익사업
② 도·소매
③ 금융, 보험, 부동산
④ 서비스

또한 서비스 요소를 3 분류해 보면 다음과 같다.(칼알브레히트, 서비스아메리카)

① '헬프 미(Help me)'서비스 : 전통적 의미의 서비스업
② '픽스 잇(Fix it)'서비스 : 수선, 정비 등 픽스잇 서비스 품질은 이미 기업의 중요한 성공 요소로 작용(물건을 판 후에도 우리는 당신을 버리지 않는다)
③ '부가가치(Value-Added)'서비스 : 가장 비가시적인 부분(카드, 페덱스택배)-(하이테크가 발전할수록 하이터치를 원한다 : 인간적 접촉)

제품이나 서비스에 대한 대중적 수요가 증가하면서 이를 효과적으로, 효율적으로, 믿을 만하게 전달할 수 있는 능력의 중요성이 부각되고 있다. 우리는 이미 서비스 경영 시대, 즉 체계적으로 설계되고 발전되고 전달되는 서비스의 시대에 깊이 들어와 있다.

서비스의 특징이 변화하면서 매우 다양한 활동이 '서비스와 서비스 관련 산업' 분야로 구분되고 있다. 쉘프는 이를 5개 분야로 분류하였다.

① 미숙련공의 개인 서비스 : 여성을 위한 가사일, 남성을 위한 군대 징용, 길거리 판매 등은 전통적인 사회에서는 흔히 볼 수 있는 주요서비스 활동 기회를 제공했다. 오늘날에도 기술 훈련을 받지 않은 노동자가 존재하긴 하지만 그 성격은 과거와 상당히 다르다. 가사일, 거리 청소, 건물 청소들을 하는 사람들은 아직도 있지만 이들을 제공하는 서비스는 대개 대기업을 통해 이루어진다.
② 숙련된 개인 서비스 : 농업 사회에서 생산성이 향상되고 생산이 생계유지 수준을 넘어서면서 서비스가 전통적 의미를 뛰어넘기 시작했으며 이 서비스는 오늘날에도 많이 존재하지만 비숙련 된 서비스와 마찬가지로 이제는 조직화되어 경영되고 있다.
③ 산업 서비스 : 산업 간 경쟁이 치열해 지면서 시장 지원 서비스에 대한 요구가 생겨났다. 산업 서비스는 고도의 기술을 확보한 전문가들에 의해 조직적으로 제공된다. ex) 회계법인, 은행과 보험회사, 부동산 중개인, 무역회사 등
④ 대중 소비자 서비스 : 전체 인구의 부가 증가하면서 구매력의 재량권 또한 늘어났다. 이에 따라 규모의 경제를 즐기면서 동시에 차별화된 서비스에 대한 증가하는 소비자 요구를 수용할 줄 아는 소비자 서비스 산업이 생겨났다. ex)여행에 대한 수요(항공사, 호텔, 렌터카 회사의 성장촉진)
⑤ 하이테크 비즈니스 서비스 : 마이크로칩, 레이저, 위성, 생명공학 등의 발

전은 새로운 서비스의 탄생과 기존 서비스의 효율화에 좋은 기회를 열어 주었다. 신기술로 탄생한 새로운 비즈니스 전문가 중 지식 컨설턴트가 있다. 이들 전문가가 수행하는 업무는 고도로 조직화되고 통합되고 관리된다. 이 서비스는 가장 활발하며 현대적이다.

고객에게 효과적이고 효율적인 서비스를 제공하는 능력은 이제 모든 기업이 직면해야 하는 이슈가 되었다. 21세기에 경쟁적 우위를 다지고자 하는 기업은 두 가지의 새로운 능력을 키워야 한다. 먼저 서비스에 대해 전략적으로 사고하고 조직의 비전을 중심으로 강력한 서비스 방침을 구축할 줄 알아야 한다. 두 번째 능력은 경험에 따른 서비스 방식을 설계하고 개발하고, 이를 교육시키는 효율적인 능력이 있어야 한다.

2. 서비스 경영의 역사

최근의 여러 경영서적에서 분석하고 있는 미국 기업들의 8가지 성공 요인을 소개하면 다음과 같다.(칼알브레히트, 서비스아메리카)

① 행동의 선호 - Just Do It
② 고객에게 근접 - 고객 중심적인, 고객 서비스 요소
③ 자발성과 기업가 정신 - 위험 수용과 창의력
④ 사람을 통한 생산성 - 직원에게 행동할 권한을 부여
⑤ 간섭과 가치 중심 - 개인적 참여와 비전에 의한 경영
⑥ 뜨개질에 매달림 - 가장 잘하는 일을 하고 이를 항상 더 잘한다
⑦ 단순한 형식과 슬림한 조직 - 질서정연한 조직적 구조
⑧ 느슨하고 동시에 빈틈없는 조직 - 책임감을 현장 직원에게까지 확대

위 요인과 같이 빈틈없는 집중과 개인적 리더십 에너지, 그리고 근본적 테크닉의 결합이 바로 새로운 서비스 경영의 핵심을 이룬다.

[1] SAS의 서비스경영 : 진실의 순간(MOT)

서비스 경영은 무형의 제품을 다루거나 제품이 다른 것과 구별할 수 없는 거의 모든 산업에 적용할 수 있다. 서비스 경영은 변형의 개념이다. 이는 철학이며 사고 프로세스이며 가치와 태도의 집합이며 조만간 방법론이 될 것이다.

서비스 경영의 발전을 촉진시킬 보다 중요한 경향과 연구를 요약하면 다음과 같다.

① 달러와 서비스 감각 - 서비스 지향적 경영이 수익에 긍정적 효과가 있으며 고품격의 고객 서비스를 제공하는 것이 매우 큰 이익을 가져다준다는 사실이 증명되었다.

② 서비스 기대의 분류(고객의 말에 귀를 기울이는 목적)

- 고객과 만나는 순간을 이해하고 고객의 관점에서 '고객 경험의 주기'를 구체화
- 시장과 개인의 변화하는 요구, 소망, 기대를 따라잡기
- 프로세스와 제품의 혁신으로 이어질 수 있는 고객과 또 이들을 상대하는 직원들이 제공하는 예상치 못한 아이디어를 개발
- 비즈니스 고객을 끌어들이기 위함
- SERVQUAL(Service Quality - Parasuraman, Zeithaml and Berry (1988, 1991)) ; 미국을 중심으로 한 서비스마케팅의 연구자들이 소비자관점에서 서비스품질을 이해하기 위한 많은 노력을 경주
  - · 서비스품질에 대한 소비자 평가는 '서비스행위에 대한 소비자의 기대'와 '실제 서비스에 대한 인식'을 비교하는 것이라는 인식에 기초하여 연구자들은 서비스품질에 대한 소비자의 판단기준을 대표하는 세부속성들을 파악하고 이에 대한 기대와 인식수준을 측정하는 척도를 개발
    - ㉮ 신뢰성 : 약속된 서비스를 믿을 수 있고 정확하게 수행할 수 있는 능력
    - ㉯ 반응성 : 기꺼이 고객들을 도와주고 신속한 서비스를 제공
    - ㉰ 설득성 : 직원들의 업무파악능력 - 지식, 공손한 태도 등- 고객에게 믿음과 확신제공
    - ㉱ 공감성 : 고객을 잘 이해하고 개인화된 관심제공
    - ㉲ 유형성 : 물리적 시설, 장비, 직원들의 외모 등 물적 요소의 외형

③ 고객 경험의 관리 : Core, Sub, Assistant

- 고객의 핵심 서비스의 경험
- 고객의 부가 서비스의 경험
- 고객의 보조 서비스의 경험

3. 서비스의 구조 : 서비스 경영의 접근법 ☺ 😐 ☹

[1] 서비스 품질 연구를 위한 용어

① 서비스 : 한 사람이나 그룹이 다른 사람이나 그룹을 위해 하는 일

② 품질 : 어떤 사물이나 경험이 요구를 만족시키거나 문제를 해결하거나 누군가에게 가치를 부가해주는 정도의 측정

③ 서비스 경영 : 고객이 인식하는 서비스의 품질은 비즈니스 운영에 있어서 가장 중요한 동인으로 만드는 총체적인 조직적 접근

④ 진실의 순간 : 고객이 당신 조직의 일부분과 접촉하여 서비스 품질에 대한 인상을 받게 되는 하나의 에피소드

※ '진실의 순간'이 관리되지 못할 경우 서비스 질은 보통 수준으로 퇴보

[2] 서비스의 특징

① 서비스는 전달 순간에 생산된다. 미리 만들거나 준비해둘 수 없다.

② 서비스는 중앙에서 만들거나 검사하거나 저장해 둘 수 없다.

③ '제품'을 시연해 보일 수 없으며 서비스를 전달하기 전에 고객의 허가를 위해 미리 샘플을 보낼 수도 없다.

④ 서비스를 받는 사람은 무형의 것을 받는다. 그 서비스의 가치는 그의 개인적 경험에 의해서 결정된다.

⑤ 경험은 제 삼자에게 팔거나 전가될 수 없다.

⑥ 제대로 실행되지 못한 서비스는 되돌릴 수 없다.

⑦ 품질 보증은 제조 환경에서처럼 생산 후에 이루어지기보다는 생산전과 생산 도중에 해야 한다.

⑧ 서비스 전달은 대개 어느 정도 인간들의 상호작용이 필요하다.

⑨ 서비스를 받는 사람의 기대는 결과에 대한 만족감에 있어 없어서는 안 될 요소이다. 서비스의 질은 대개 주관적 문제이다.

⑩ 고객이 서비스 전달 과정에서 부딪치게 되는 사람과 프로세스가 많을수록 그 경험에 만족할 확률은 더욱 낮아진다.

[3] 우수한 서비스 조직의 특성

① 고객의 진실의 순간에 대한 이해

② 잘 고안된 서비스 전략

③ 고객 친화적 시스템

④ 고객 지향의 접점 직원들

[4] 서비스 트라이앵글

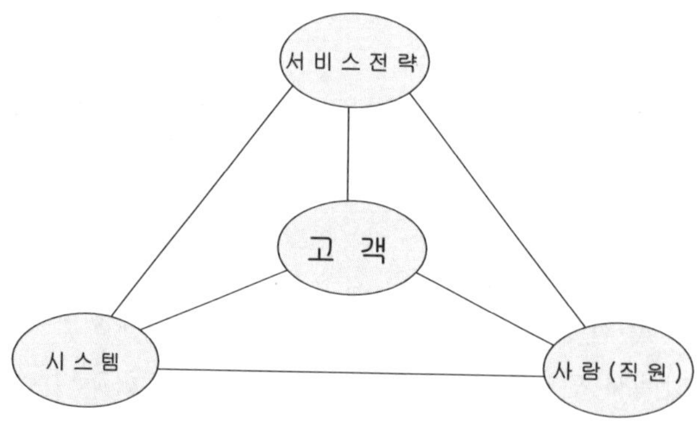

서비스 트라이앵글은 서비스 전략, 시스템, 사람(직원)으로 구성되어 있으며 고객을 중심으로 창의적으로 상호작용한다.
구조적 방식보다는 프로세스를 설명하며 고객을 비즈니스의 중심에 놓고 생각한다.

4. 고객은 왕이다

> 서비스 품질에 대한 소비자의 인식은 서비스를 받고 그 서비스를 실제로 경험하기 전에 기대와의 비교에서 형성된다. 품질 평가는 서비스 결과뿐만 아니라 프로세스에서도 나온다.
>
> –베리–

'고객은 왕이다'라는 말은 아마도 비즈니스 슬로건 중 가장 많이 애용 되어 왔을 것이다. 이와 함께 '고객은 항상 옳다'라는 캐치프레이즈는 회사가 고객의 요구와 이해에 관심을 기울이고 있다며 여기저기 선전한다. 하지만 진정한 시험대는 슬로건이 아니라 고객의 실제 경험에 있다.

오늘날 모든 조직에게 진정한 시험은 시선을 끄는 슬로건을 만들거나 모토로 경영을 하는 것이 아니라 서비스 수준과 성격을 독특한 고객 가치 집단에 맞추는 것이다.

※ 고객관계경영(CRM ; Customer Relationship Management) : CRM은 고객데이터의 세분화를 실시하여 신규고객 획득, 우수고객 유지, 고객가치 증진, 잠재고객 활성화, 평생고객화와 같은 사이클을 통하여 고객을 적극적으로 관리하고 유도하며 고객의 가치를 극대화시킬 수 있는 전략을 통하여 마케팅을 실시한다.

① 고객가치 : 고객의 사고 프로세스에 내재된 근본적인 혜택의 전제
- 뛰어난 고객 가치를 전달함으로써 기초로 경쟁하고자 한다면 먼저 그것이 무엇인지 더 잘 알아야 한다.
- 비즈니스를 오래 할수록 고객이 무엇을 사려고 하는지 진정으로 이해하는 확률은 낮아진다.
- 다른 사람들이 받기를 원하는 대로 그들에게 해 주어라.

② 고객 가치패키기 : 고객에게 전달하는 유형, 무형의 가치를 모두 더한 합계
- 시설이나 물리적 환경, 배달 가능한 제품, 서비스, 서비스 직원과의 상호작용, 충고, 친절, 감각적 경험, 다양한 관련 가치 요소 등을 포함할 수 있다.

③ 가치 명제
- 가치 패키지에 담겨져 있는 가치의 핵심 개념으로서 고객에게 제공되는 근

본적 혜택의 전제로 고객이 지불하는 대상을 말한다.

④ 고객 가치 모델

- 가치 전제의 측정 가능한 여러 측면, 또는 구체적인 가치 요소에 적용하는 것을 말한다.

[1] 고객충성도

고객 충성도에는 세 가지 특징이 있다. 환경적이며 약하고 변한다. 충성은 서비스 수준이 기대 이하로 떨어지면서 퇴색하기 시작한다. 고객은 항상 적정한 수준을 유지하는 서비스를 원하고 기대한다. 하지만 충성스러운 고객은 단지 오늘의 매출일 뿐만 아니라 내일과 다음 달의 매출이다. 또한 새로운 고객을 확보하는데 드는 비용은 기존 고객을 유지하기 위한 비용보다 훨씬 크다. 그러므로 고객유지 기술들이 모든 조직의 서비스 전략에 있어서 구심점이 되어야 하는 것이다.

어떤 진실의 순간이 최고의 고객으로부터 충성을 얻어내고 계속 변화하는 고객의 기대를 따라잡는데 필수적인지를 알아내기 위해 먼저 고객의 요구와 필요에 귀를 기울여야 한다. 듣는 기술은 모두 고객의 진실의 순간에 대한 폭넓은 이해를 돕는데 필수적이다.

[2] 변화하는 고객 요구

조직이 고객센터에 쌓인 고객 불만을 얼마나 매끄럽게 처리하느냐에 따라 고객이 다시 돌아와 거래를 할지 아니면 그곳에서 경험한 무관심이나 무능력 때문에 다른 경쟁사로 옮겨갈지가 결정된다.

고객은 어떤 조직과 접촉할 때 어느 한 요소만 보는 게 아니라 전체 그림을 본다. 또한 고객의 요구는 아주 빠르게 변화한다. 고객의 태도와 습관, 고객의 충성을 강화하는 서비스 특징, 고객이 경쟁사의 유혹에 넘어가기 쉽도록 만드는 원인들에 대해 조직 안에서 수많은 가정과 추측이 난무하고 있다. 고객이 무엇을 원하고 돈을 지불할 의향이 있는지에 대해 우리가 알고 있다고 가정하는 것은 매우 위험하다.

[3] 이미지 경영

서비스 이미지를 살펴보면 이미지란 '고객의 입장에서 기업이 비즈니스를 하는 방식에 대한 관리된 인식'을 뜻한다. 진실의 순간이란 개념은 이미지가 고객의 전체 경험으로 매일, 매 순간 향상되거나 나빠진다는 사실을 우리에게 상기시켜준다. 우리는 진실의 순간을 관리함으로써 고객의 인식, 즉 이미지를 경영한다.

5. 서비스 전략의 이해

① 서비스 경영 전략
- 기업환경의 지속적 변화(과거의 시장은 사라지고 새로운 시장의 등장)
- 서비스 품질을 통해 차별화에 성공하고 싶다면, 고객을 위해 하고자 하는 것, 해야만 하는 것

② 서비스 전략의 구성
- 전략 구조는 훌륭한 서비스 정의를 토대로 구축한다.
- 의도적이고 분명한 설명이다.
- 당신과 다른 사람을 눈에 띄게 차별화한다.
- 고객의 입장에서 가치를 평가한다.
- 당신 조직에 의해 이행 가능하다.

③ 공식적 서비스 전략의 필요성
- 효과적인 서비스 전략은 당신의 서비스를 시장에 포지셔닝 해 준다.
- 조직에게 단일화 된 방향을 제시해 준다.
- 접점직원들에게 경영지이 그들에게 무엇을 기대하고 있으며 조직에서 무엇이 중요한지를 알려준다.

④ 서비스 전략의 검토 시기
- 조직은 대개 시장의 변화를 예측하거나 시장과 위함할 정도로 거리가 멀어져 생긴 위기에 대응하기 위해 기본 서비스 전략을 재고한다.
- 고객의 요구나 동기에서 변화를 예측하는 것은 서비스 전략을 재정비하는

데 반드시 필요한 열쇠이다.

- 유능한 서비스 조직은 계속해서 시장을 모니터하며 고객의 요구, 선호도, 구매 동기 등의 중요한 변화를 미리 알려줄 신호를 찾는다.
- 서비스 전략을 재고해야 할 시기는 이런 추세 변화가 본격적으로 시작되기 전이다.
- 두 번째 서비스 전략을 재고해야 하는 경우는 조직이 충격을 받아 위기에 대응하는 때 이다.(심각한 매출하락, 시장점유율 하락)

⑤ 서비스 전략의 구성요소와 구성 방법

- 효과적인 서비스 전략은 시장 조사, 기업의 사명, 조직을 움직이는 가치 등 세가지 주요 개념으로 이루어진다.
- 지속적인 시장 조사와 분석을 훌륭한 서비스 전략에 도달하기 위한 출발점으로 유능한 서비스 기업은 다양한 정보 소스를 이용해 전략적 서비스를 기획한다.
- 많은 조직들은 멋진 비전과 기업의 사명을 바탕으로 하는 사명서를 가지고 있다.
- 세 번째 요소는 분명하게 정의되고 잘 알려진 기업 원칙이다. 기업원칙은 조직의 믿음과 가치를 말한다. 가치는 회사의 존재 이유를 규정하고 의사결정을 도와준다.

⑥ 훌륭한 서비스 전략의 의미

- 특정 고객층에게 어떤 이미지를 심어주고 어떻게 인식되고 싶은지 분명한 아이디어가 있어야 한다.
- 조직 내 자아 정체성 위기가 없으며, 고객 가치가 기업의 성공 요소

⑦ 경쟁 차별화 요소에서의 위생 요인 분리

- 청결, 매력적 외관, 음식의 향 등은 서비스 전략요소가 아님
- 청결함, 위생 등은 서비스 전략 실행의 최소한의 필요조건
- 가격지향적 고객, 가치지향적 고객, 품질지향적 고객

6. 서비스 제공 시스템

> 최고의 인재를 형편없는 시스템에 데려다 놓으면 언제나 시스템이 이긴다.

서비스 제공 시스템은 조직 내의 사람들이 고객 가치를 전달하는 데 있어서 임의로 사용할 수 있는 물리적, 절차적 도구를 말한다. 서비스 시스템에 있어서 핵심 성공 요소는 사용자로부터 고객 친화적이라는 인식을 얻는 데 있다.

효과적인 서비스 제공 시스템의 구조는 서비스 전략(비즈니스)이 정한 서비스 우선순위를 현실화 한다. 서비스 경영은 서비스전략에서 서비스 패키지로, 서비스 패키지에서 서비스 시스템으로 그 흐름이 연결되어진다고 할 수 있다.

[1] 고객 가치 패키지의 일반적 특징(칼 알브레히트, 서비스아메리카)

▸ 서비스 패키지 : 고객 가치 패키지라고 도하며 고객에게 제공되는 재화, 서비스, 경험을 도두 더한 것이다.

① 환경적 요소 : 고객이 제품을 경험하는 물리적 환경

② 지각적 요소 : 고객이 가진 직감적 경험; 육체적 감각이나 감정적 감각

③ 대인관계적 요소 : 고객이 전체 경험의 일부분으로 직원이나 다른 고객과 갖는 상호작용

④ 절차적 요소 : 고객이 당신과 비즈니스를 하면서 겪는 요소

⑤ 제공성 : 임시적이라 해도 서비스 경험 기간 동안 고객이 물리적으로 보관하는 모든 것

⑥ 정보적 요소 : 고객 경험중 고객으로 기증하기 위해 필요한 정보

⑦ 금전적 요소 : 고객이 전체 경험을 위해 지불하는 것

▸ 1차적 서비스 패키지(핵심 서비스) : 서비스 중 핵심부분으로 비즈니스의 존재 이유이다. ex) 호텔객실

▸ 2차적 서비스 패키지(주변 서비스) : 1차적 서비스 패키지를 지원하고 보완하며 부가가치를 더해준다. ex) 모닝콜, 세탁

※ 시장에서 가장 경쟁력이 강한 기업은 최고의 주변적 가치 패키지를 제공하는 기업이다.

고객 요구와 기대는 오랫동안 만족한 상태로 남아있지 못하며 항상 변화한다. 고객은 모두 똑같지 않으며 이들의 요구와 동기는 기대가 높아지면서 변하기 마련이다. 이러한 예로 비교효과(페덱스 요인)를 들 수 있다. 페덱스는 우편물을 다음날까지 처리하겠다는 약속을 통해 고객의 배달 속도의 중요성 인식시켜 주었으며, 산업 전체로 하나의 배달 기준을 제시하게 되었다.

ex) 페덱스 스피드, 디즈니 친절, 리츠칼튼 고품격 등 표준으로 작용하여 고객 만족에 영향을 미침

[2] 서비스 제공 시스템의 지능적 영역

고객 가치 제공에 신뢰성을 더해줄 뿐만 아니라 효율성, 경제성, 맞춤화, 개별화, 그리고 심지어 독특함을 줄 수도 있다. 제대로 계획되고 수행되는 서비스 시스템은 서비스 그 자체는 매우 단순하며 전혀 복잡하지 않다. 실제로 서비스 조직이 서비스와 서비스를 제공하는 프로세서, 서비스를 제공하는 시스템을 명확하게 구분하기 어려우며 성공적 서비스 디자인의 열쇠는 구조와 프로세스의 통합으로 효과적인 서비스 시스템을 창조해야 한다.

① 실행 지능 : 사람, 프로세스, 절차, 정책, 정보, 물리적 자원등 전체 시스템의 요소들이 시간이나 자원을 낭비하지 않고 의도하지 않은 부작용을 불러일으키지 않으면서 의도한 가치를 창조하기 위해 서로 협력하는 정도

② 시정 지능 : 시스템이 자신의 실수와 기능 불량을 고칠 수 있는 내재된 능력의 정도

③ 예외 지능 : 시스템이 낯설거나 비표준적인 요구에 적응할 수 있는 정도

④ 복원 지능 : 시스템이 잘못 기능하여 가치에 대한 고객의 인식을 망가뜨리거나 치명적인 고객 경험으로 미래 비즈니스를 거의 상실할 지경이 되었을 때 이를 회복할 수 있는 시스템의 능력

⑤ 추가 가치 기능 : 시스템이 고객을 위해 예상치 못한 임시적 방법으로 가치를 부가 할 수 있는 능력 (서비스 직원 개개인의 창의력 및 특별 전략)

서비스를 안정적으로 제공하려면 체계적으로 설계되어야 한다. 대표적 시스템도구로 서비스 청사진과 MOTIA가 있다.

① 서비스 청사진 : 서비스 프로세스에 참여하고 있는 많은 사람들이 어떻게

협력하여 의도된 가치를 만들어 가는지 그 과정을 그린 것.

② MOTIA(Moment of Truth Impact Assessment – 진실의 순간 영향력 평가) : 서비스 사이클과 진실의 순간 영향력 평가는 고객의 입장에서 특정 고객 서비스를 바라보는 방식으로 서비스 경험에서 가장 중요한 사건이나 진실의 순간을 포착하여 이를 세분화하는 것.

③ 세분화 구성요소

- 기대표준 : 특정한 진실의 순간에 있어 고객은 최소한의 기대 보유
- 경험악화 : 특정한 진실의 순간이 실망, 화나는 경험이 되는 경우
- 경험강화 : 특정한 진실의 순간이 고객 입장에서 보았을 때 예외적으로 좋은 경험으로 발전하는 경우

[3] 서비스 제공 시스템 도구의 장점

직원 조달, 배치, 개발 등에 과난 결정은 그 서비스 시스템을 운영하고 관리하는 데 필요한 인력의수와 자질을 잘 알고 있을 때 보다 명확해 진다. 자동화가 어느 부분에서 비용을 절감해줄지, 또 개별화된 인간적 접촉이 어디에서 필요한지 고민할 때 청사진을 토론 포커스로 이용할 수 있다.

경쟁적 서비스를 도표로 그리고 청사진을 서로 비교함으로써 경쟁사를 연구하고 분석할 수 있다. 생산성 향상 토론에서 서비스 청사진을 이용할 경우 직원 참여가 높아진다. 직원 참여는 복잡한 서비스 결정을 분권화하고 새로운 서비스를 특징으로 하는 디자인 문제를 피하는데 필수적이다.

서비스와 서비스 시스템 개발 및 운용에 정밀한 분석을 적용할 경우 전체의 시각에서 구조와 프로세스를 통합하는 방향으로 사고할 수 있는 능력이 가장 큰 장점이다.

서비스 악화를 효과적으로 복원하는데 필요한 5가지 요소는 사과, 긴급 복구, 공감, 상징적 보상, 사후 확인 등의 순서로 진행된다.

고객 요구를 만족시키는 서비스를 창출하고 주장하기보다는 도움을 주는 시스템과 절차를 디자인하고 고객 접촉 업무를 설계하여 직원들이 고객의 이해를 대변해 일할 수 있도록 하는 것이 서비스 시스템에 있어서 진정한 경영 도전 과제이다.

7. 서비스 종사원의 역할

"직원이 느끼는 것은 결국 당신의 고객이 느끼는 것이다."

[1] 고객 접점

고객 접점은 고객이 당신의 회사에 있는 한 사람과 상호작용하기 위해 자나야만 하는 마지막 순간이다. 이 서비스 접점은 고객이 회사를 생각하는 데에 아주 강한 인상을 주게 된다. 고객 접점은 고객에게 인사하는 방법, 서비스 종사자들의 태도, 서비스 장소의 물리적인 특성을 포함한다. 그러나 마지막 4피트에서 가장 중요한 것은 물론 서비스를 제공하는 사람이다.

[2] 고객지향적 접점직원의 중요성

- 고객은 접점 직원의 태도를 조직 전체로 확대 시킨다.
- 사례연구를 실시해 보자.

[3] 서비스 기업문화

서비스 문화는 조직의 가치관, 규범, 신념과, 관념을 말한다.

만약 문화가 고객을 위한 서비스에 초점이 맞춰지지 않는다면, 조직은 일정한 질의 서비스를 제공하면서 지속적인 서비스에 대한 명성을 발전시킬 수 있는 기회를 가지지 못한다.

조직의 모두가 누군가에게 서비스하고 있다. 고객을 상대하는 서비스 종사원이 아니더라도 누군가에게 서비스를 제공하고 있어야 한다. 조직 구성원을 분류하면 다음과 같다.

① 1차 서비스 직원 : 고객과 직접적이고 계획된 접촉을 한다.

② 2차 서비스 직원 : 2차적 서비스 직원으로 고객을 직접 만나지는 않지만

우연한 접촉을 가진다.

③ 3차 서비스 직원 : 서비스를 지원하는 직원(감독관)

직원들에 대한 동기부여와 헌신은 언제나 취약하다. 높은 수준의 서비스를 가지기 위해서 동기 환경을 만들고 유지하는 것은 필수적이다. 경영의 업무는 동기 환경을 창조하는 것이다. 이러한 환경은 다음과 같다.(칼 알브레히트, 서비스 아메리카)

① 직업 생활의 만족도 : 업무상의 모든 물질적인 부속물(급여와 수당, 승진 기회, 유능한 상사, 직업 만족도 등)

② 사기 : 높은 사기는 대개 헌신을 위한 필요조건이지만 항상 충분조건은 아니다.

③ 활력 수준 : 단지 사기만이 아니라 개인적이고 신체적인 힘은 좋은 서비스를 제공하는 데 필요하다.

④ 낙천주의 : 서비스 업무는 어렵고 반복적일 수 있기 때문에 관리자들은 종사원들에게 낙관적인 인식을 전달해야 한다.

[4] 서비스 완성을 위한 체크 포인트

서비스는 슬로건으로 완성될 수 없다. 요란한 선전, 완장, 배지, 슬로건들은 거의 서비스 제공 직원과 조직에 동기 환경을 만들지 못한다. 사실상, 이러한 접근들은 부정적인 환경에 영향을 줄 수 있다. 왜냐하면 종사원은 각각의 새로운 프로그램을 회의적으로 보기 때문이다.

이러한 씨끌벅적한 접근방식 대신 동기 환경 창출을 위한 관리 노력들은 다음과 같이 구체적인 사항들에 집중되어야 한다.

① 접점 직원들이 바로 행동에 옮길 수 있는 특정한 서비스 전략을 전달하는 분명하고 구체적인 메시지.

② 경영자의 확실한 모델링. 즉 행동을 통해 고객을 위해 취해진 서비스 중심적 행동을 강화하고 보상하겠다는 의사를 보여줘야 한다.

③ 경영자가 새로운 서비스 철학을 지지하기 위해 필요한 교육과 자원을 제공하고 조직의 시스템과 절차를 연결하는 행동을 취할 때 따라야 하는 효과적인 최후의 완성 프로세스.

[5] 태도는 스마일 교육으로도 안 된다

태도 교육방식은 대개 눈 맞춤, 미소, 어조, 복장과 같은 특정한 사회적 테크닉에 초점을 맞춘 트레이닝 프로그램으로 이루어진다. 서비스 질을 향상시키는 노력으로, 여러 회사들은 '미소 훈련'이라는 것을 이용한다. 그러나 미소 훈련은 소용이 없다.

태도는 동기에 의해서 강화될 수 있지만 태도는 가르칠 수 있는 것이 아니다. 만약 당신의 종사원들이 무뚝뚝해서 웃는 방법을 훈련시켜야 한다면 그것은 당신의 회사가 훈련상의 문제를 가진 것이 아니라 채용의 문제를 가진 것이다.

[6] 교육훈련

서비스 제공자를 위한 훈련은 구체적인 기술과 개인적 성숙이라는 두 가지 주요 범주에 집중되어 실시되야 한다.

① 기술 교육 : 객관적으로 측정 가능한 기술에 집중된다. 경영자들은 어떠한 기술, 어떤 기술 수준들이 교육 프로그램의 목표인가를 이해해야 한다.

② 인성계발 교육 : 종사원들에게 그들의 직업적이고 개인적인 생활을 강화시킬 수 있는 도구로 이것들은 태도와는 다르게 배울 수 있는 것이지만 객관적으로 측정 가능한 것이 아니다.(스트레스 관리, 시간 관리 등)

[7] 채 용

서비스 의지와 능력이 있는 사람을 찾아라. 서비스 성공 공식의 또 다른 중요한 요소는 서비스직을 서비스를 효과적으로 수행할 수 있는 사람으로 채우는 것이다.

① 서비스 직원은 적어도 적절한 수준의 자긍심과 성숙함을 갖춰야 한다.

② 서비스 직원은 상당히 높은 수준의 사교적 기술이 필요하다.

② 사람과의 접촉을 잘 견뎌야 한다.

[8] 서비스의 성과측정, 지도, 피드백의 중요성

성과 측정과 피드백을 서비스 직원에게 제공해야 하는 필요성은 서비스 전략을 결정하기 위한 효과적인 시장 조사의 필요성과 관련이 있다.

서비스 전략을 종사원에게 알릴 필요가 있고 종사원이 업무를 수행하는 데에 필요한 도구들(서비스 시스템, 훈련, 권한 부여)과 피드백을 해야 한다. 정기적 측정과 피드백을 제대로 적용할 경우 조직은 인공 지능을 갖게 되어 환경에 맞게 반응한다. 접점 직원은 무엇을 해야 할지 더 잘 알게 되며 자신의 능력에 자신감을 갖게 된다. 경영진 역시 전체 상황을 파악하고 성과 측정 결과를 이용해 서비스 전략의 효과를 판단할 수 있다.

8. 서비스 직원의 혁신

[1] 성공적 서비스 기업들의 특징

대부분의 성공적인 서비스 기업은 서비스에 대한 흔들리지 않는 강력한 비전과 잘 고안된 전략이 있고, 이를 신중하게 개발하고 명확하게 전달한다. 또한 투명한 경영을 실천하여 성실히 일하는 모습을 종사원들 속에서 보여주고 모범으로 이끌어 준다.

관리자들은 정기적으로 서비스에 대해 조직에 말함으로써 공동의 연구과제를 제시하고, 서비스에 대해 토의하는 것은 매일 일어나는 업무 환경의 일부로 받아들이게 한다. 성공기업의 공통적 특징들은 다음과 같다.(칼 알브레히트, 서비스아메리카)

① 고객 친화적 서비스 전달 시스템이 있다.

② 하이테크와 하이터치를 조화롭게 이용 : 시스템과 방식에 인간적 요소를 덧붙임

③ 서비스 전문가를 채용하고 교육시키고 승진시킴 : 모든 인간 자원 활동들은 좋은 서비스를 제공할 수 있는 종사원을 모집, 고용, 그리고 지속적으로 보유하는데 초점을 둔다.

④ 서비스를 외부 고객에게 판다.
⑤ 서비스를 내부 직원에게 판다.
⑥ 서비스를 측정하고 그 결과를 조직 내 모든 사람에게 알리며 심각하게 받아들이도록 한다.

[2] 성공적 서비스 직원으로의 변화 : 코끼리에게 춤을

어떻게 당신의 회사를 성공적인 서비스 조직으로 변화시킬 것이가? 동물을 훈련시키는 것이나, 어린아이에게 생활에 필요한 기술들을 가르치는 것과 같이 거기에는 수반되어야 할 기본적인 두 단계가 있다.

① 실행 가능성을 보여줌
② 몰입하기에 충분한 보상 즉, 동기부여

[3] TQS 모델(Total Quality Service) : 액션 모델

TQS 모델은 조직이 고객, 주주, 직원 등 관련 이익집단에 우수한 가치를 전달해주는 상태를 의미한다. 이 모델은 5가지 기본요소로 구성되어 있으며, 비즈니스와 고객, 품질에 대해 새로운 인식의 틀을 제공한다.(칼 알브레히트, 서비스 아메리카)

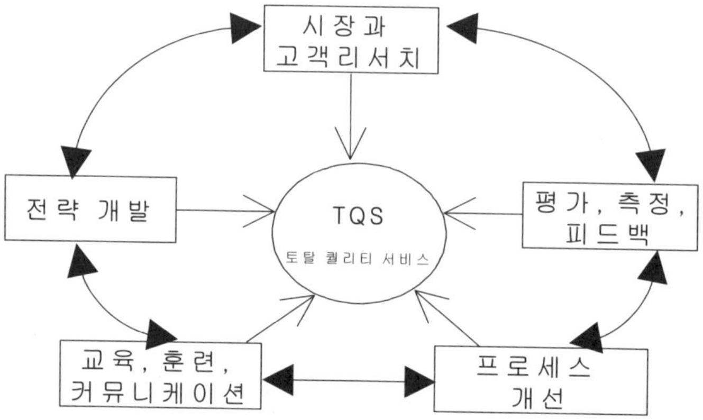

① 시장과 고객 리서치 : 고객을 이해하기 위해서는 시장과 고객에 대해 리서치. 시장 리서치는 타깃으로 하고 있는 시장의 구조와 역동성에 대한 조사로 시장을 세분화하고 시장의 특징을 분석하고 필수적인 틈새시장을 타깃으로 정하고 경쟁 세력을 분석하는 활동이 필요

고객 리서치는 개별 고객이 서비스 제품과 회사에 대해 갖고 있는 기대, 생각, 느낌을 이해하고 전체 경험에 대한 고객의 인식에서 핵심적인 요소를 구별해야 함

② 전략 개발 : 서비스 경영에 뛰어난 기업은 고객 가치라는 원칙에 자신의 운명을 건다. 가치를 제공함으로써 고객을 유치하고 유지하는 비즈니스방식을 개발하고 발전시키고 디자인한다. 완벽한 고객 중심적 기업이 되거나 서비스 품질을 개선하기 위해서는 종종 조직 자체를 다시 포지셔닝 해야 한다. 서비스 전략의 요건은 다음과 같다.

㉮ 결코 하찮지 않은 것

㉯ 개념화된 것

㉰ 가치있는 것

㉱ 색다른 것

㉲ 단순한 것

③ 교육, 훈련, 커뮤니케이션 : 교육, 훈련, 커뮤니케이션 방법은 모든 사람이 고객의 요구와 기대, 조직의 비전과 사명, 가치, 그리고 고객의 비즈니스를 끌어오고 유지하기 위한 전략을 이해하는데 있어 햄심적 역할을 한다.

㉮ 업무와 관련된 기술로 시작

㉯ 측정 가능한 실행기준 보유

㉰ 생활기술을 포함

㉱ 조직문화의 의도적 진보와 훈련을 연결

㉲ 종사원에게 피드백과 직무수행에 있어 필요한 모든 것을 제공

④ 프로세스 개선 : 모든 프로세서, 절차, 정책, 규정, 업무 방식을 계속해서 검토하고 필요한 경우 수정하는 작업이 필수적이다.

⑤ 평가, 측정, 피드백

[4] 서비스 직원 혁신의 체크 포인트

서비스에 대해 경제적 또는 금전적으로 측정하고 조직원에게 지속적으로 노출시키는 경제적 압력은 중요한 자극제의 역할을 수행한다.

또한 서비스 혁신을 단순한 프로그램 개선이 아닌 전략적 관점으로 추진하려 한다면, 경영진 참여가 필수적이다.

서비스 혁신이나 개선 노력을 방해하는 치명적인 실수는 다음과 같다.

① 고객의 요구를 이해하지 못한다.
② 기준을 세우지 못한다.
③ 기준 이하의 실행을 그대로 방치해둔다.
④ 서비스에 대해 고객과 직원에게 커뮤니케이션하지 않는다.
⑤ 가능한 것보다 더 많은 것을 고객에게 약속한다.

서비스 기업의 직원은 서비스 혁신과 개혁에 도움이 될 수도, 방해가 될 수도 있다. 그러나 가정 우선적으로 만족시키고, 문제를 해결해야 할 중요한 시장인 셈이다. 이들에게 서비스에 대한 집중을 이해시키지 못한다면 고객에게도 올바르게 전달하기 어렵다. 직원에게 직접 보여주고, 그들이 하는 만큼의 혜택을 제공해야 한다. 따라서 기업이 원하는 수준의 인력이 될 수 있도록 훈련 시간과 지원이 필요한 것이다.

또한 조직 시스템과 서비스의 조화를 통해 조직 내 갈등을 줄여야 한다. 조직의 서비스 전략과 사람들을 결합해서 자신의 임무와 역할, 권한을 부여해야 만이 고객과의 거래가 가능한 것이다.

마지막으로 서비스직에 오래 근무한 사람일수록 점차 고객의 요구를 제대로 이해하지 못할 확률이 높아진다. 고객과 동떨어진 직원일 경우 고객을 잘 알고 있다는 자만심이 커지게 되고, 이러한 현상은 서비스 기업과 조직에 가장 무서운 최대의 적으로 작용할 수 있다.

서비스 경영 프로그램은 어느 순간 프로그램을 뛰어넘어 조직의 기본방향 역할을 수행한다. 그러나 여기까지 도달하기 위해서는 시간과 에너지, 돈, 창의적 생각들을 아낌없이 투자해야 한다. 이런 투자를 효과적으로 하는 조직만이 앞으로 살아남아 성장할 것이다.(칼 알브레히트, 서비스아메리카)

9. 미래의 서비스

서비스가 그 어느 때보다 경제적으로 중요해졌다는 것은 사실이지만 일반적으로 과거보다 상당히 좋아졌다고는 할 수 없다. 그리고 대부분의 기업이 아직까지 전략적 고객 포커스를 기업 문화에 심지 못했다. 현대와 앞으로의 미래는 지속적으로 서비스 영역이 확장될 것이다. 더욱 복잡해지고 다각화되고 유동적이며 급변하는 비즈니스 환경에서 어떤 일이 앞으로 벌어질지 예측하는 것은 쉽고도 어려운 일이다. 혁신의 속도는 더욱 빨라질 것이다.

이러한 상황에서 고기술(하이 테크놀러지)과 고접촉(하이 터치)의 관계가 서비스 제품을 다양하게 구분하게 될 것이다. 따라서 미래는 테크 서비스와 터치 서비스의 시너지적 결합으로 인해 고객 가치 패키지가 강화 될 것이다.

터치 \ 테크	고	저
고	1/4분면 뷔페, 퍼스널 서비스, 금융 설계, 헬스클럽 코치, 인테리어 디자인	2/4분면 컨셉 레스토랑, 고도로 육체적인 것, 크루즈 여행, 성형수술, 혼합 기능의 인터넷 온라인 서비스
저	3/4분면 무선 웹, 온라인 소프트웨어, 온라인 교육, 원격 투자, 디지털 홈	4/4분면 패스트푸드, 셀프 서비스 시장, 주유소, 자동 현금 지급기, 택시

① 저테크 저터치 : 4/4분면

② 고테크 저터치 : 3/4분면

③ 저테크 하이터치 : 2/4분면

④ 고테크 하이터치 : 1/4분면

엘빈 토플러가 주장한 제3의 물결(정보혁명)은 일종의 패러독스의 물결이다. 인간의 첫 번째 물결인 농업혁명, 두 번째 물결인 산업혁명에 이어 엄연히 받아들여야만 하고, 극복해야만 하는 대변혁이다.

현대의 이동성의 증가와 자유로운 정보의 흐름은 사회의 자동화에 기여했다. 정보와 기호의 공유는 태도와 가치를 세계적으로 표준화하거나 일원화하는 효과를 낳고 있다. 물론 반세계주의 흐름도 있지만. 하지만 현대인의 의식이 글로벌화 될 수록 뒤따르는 행동은 더욱 종족 특유화 현상을 발산시키고 있는 것으로 보인다.

여기에서 우리는 기술에 대해 논의해야 한다. 기술은 하인인가 혹은 주인인가? 기술이 비즈니스에 미치는 영향을 제대로 이해하려면 정보 기술뿐만 아니라 보다 광범위한 기술에 관한 지식이 필요하다. 기술은 항상 축복과 저주가 함께 한다. 모든 경영진은 기술과의 조합을 어떻게 통제해야 할지, 아니면 적어도 기술의 영향을 반영해야 할지 고민스럽다.

가장 두드러진 현상은 전자상거래와 닷컴의 환상 즉, 판타지와 현실의 만남일 것이다. 인터넷은 모든 사람을 위한 것처럼 보였다. 전자상거래 기술 마니아들은 비즈니스 기회를 발견했고, 벤처투자자들은 이러한 IT 기술 마니아를 발견했다. 최근까지 거의 모든 부분에서 인터넷은 서구 경제 역사상 가장 거대한 부의 이동을 촉발했다.

그러나 전자상거래는 21세기 초에 들어서면 큰 실패로 기록될 것이다. 성공적인 기업은 계속해서 온라인 기술을 이용해 경영 프로세스를 단순화하고 통합하며, 자사 시스템을 공급 업체와 협력업체, 고객과 연결시킬 것이다. B2B 마켓플레이스는 효율성과 스피드 때문에 번영할 것이다. 대부분의 기업은 온라인 기술을 통해 기존의 시장 범위를 공격적으로 확대시켜나갈 것이다. 그러나 순수 인터넷 기업은 결국 완전히 실패로 끝나게 될 것이다.

이외에도 대부분의 성공적인 기업들은 전자고객 인터페이스(e Electronic Customer Interface)와 같은 자동응답기능을 도입하여 고객을 관리하려고 하며, 고객 관리비용을 절감하려는 노력을 전개한다. 마치 고객을 기업이 편리한 만큼만 떨어뜨려 놓고 고객의 불만을 회피하려는 듯이 디지털 차단막을 치고 있다.

그러나 현대인들은 현금지급기, 셀프 주유 등을 받아들이고 있듯이 작금의 디지털 고객 인터페이스를 수동적으로나마 받아들여야 하게 될 것이다. 전화 잘 받고 응대 잘 하는 컴퓨터에 만족하는 고객은 없으며, 구매상품에 대한 불만이 있어도 디지털 장벽은 추가 대면이나 재구매 가능성을 차단시키고 있다. 이러한 현상은 기업이 고비용의 운영경비를 줄이고자 함이며, 고객 불만족의 적극적인 해결을 회피하는 위험을 안고도 고객을 디지털화하는 추세를 볼 수 있다.

장차 웹노믹스의 가능성과 한계를 진단해 보면 다음과 같다. 웹노믹스란 정보기술과 비즈니스 전략이 상호 연결된 글로벌 상업구조 속에서 하나로 합쳐지는 것을 의미한다.

온라인 시대의 위협과 기회는 긍정적인 측면과 부정적인 측면으로 구분된다. 웹 기술은 공격적으로 적용할 경우 건설적이며 분열을 일으키며 동시에 파괴적이다. 인터넷 비즈니스는 마치 코끼리를 사서 뒷마당에 애완용으로 키우는 것과 같다. 훌륭한 웹사이트를 디자인하는 것은 웹 기술을 전통적 기업에게 적용하는 데 있어서 가장 쉬우면서, 그리 중요한 일이 아니다.

기본적으로 웹 기술은 사람과 기업을 보다 가깝게 자주 연결시켜주고 더 많은 정보의 흐름을 보다 빠르고 풍부하게 해준다.

이러한 웹노믹스의 주요 효과는 다음과 같다.

① 온라인 기술은 정보를 값싸게 만든다.
② 운영 비용을 절감하거나 재배치한다.
③ 다양한 가치 창조를 가능하게 한다.
④ 자산을 해방시키거나 재배치한다.
⑤ 이윤을 파괴하거나 재배치한다.
⑥ 브로커를 재배치한다.
⑦ 더 많은 얕은 관계를 만들어 낸다.

10. 새로운 경영 환경

기업은 고객이 원하는 것을 정말로 제공하고 있는가? 고객에게 그들이 원하는 것을 주려고 하지 않거나 줄 수 없다면 다른 누군가가 줄 것이며 당신과 당신 기업은 퇴출당한다. 자유로운 시장 환경은 경쟁과 혁신을 유도하며 고객은 상당한 선택권이 있는 게 사실이지만 그렇다고 공급자가 고객이 원하는 것을 다 제공하는 것은 아니다.

정말 필요한 것은 규모와 차별화다. 중소기업은 대기업과 다른 종류의 문제와 기회에 직면해 있지만 이를 정확히 설명할 수는 없다. 그러나 대부분의 비즈니스는 대기업이 아니라 중소기업의 몫이다. 하지만 광고, 브랜드 구축, 경쟁, 채널 구축, 공급 체인 경영, 자본 형성 등과 같은 핫이슈는 중소기업 경영엔 큰 의미를 가지지 않는다.

다윗과 골리앗 시나리오를 소개하면, 모든 것을 남보다 더 크고, 잘 하거나, 차별화해야 한다는 것이다. 골리앗이라면 자본력으로 승부할 수 있지만 다윗이라면 섬세함으로 경쟁해야 한다는 말이다.

또한 전통적인 자본주의 구조에서 포스트자본주의 방식으로의 이동이 많은 서비스 조직의 전략적 선택에 영향을 미치고 있다. 전통적인 위계질서 대신 반질서(Heterarchies, 권력과 권한이 아닌 자주적 플레이어 간의 상호적이며 호혜적인 관계에 기초한 자원 배치) 즉, 네트워크나 분자형 조직을 추구하고 있다.

전통적인 자본주의적 조직 이론에 따르면 성공적인 기업은 더욱더 많은 자본재를 차지하고, 이들 자산을 이용해 매출과 수익을 창출하는 반면, 포스트 자본주의 이론은 이러한 자산의 접근성이 필요하지만, 반드시 소유할 필요는 없는 것이다. 포스트 자본주의로의 변신은 아웃소싱, 파트너십, 전략적 제휴의 적극적 이용 등의 사업전략으로 이어지게 되었다.

11. 서비스의 영원한 진리 ☺ 😐 ☹

전략적 고객가치를 위한 지속가능한 체크 포인트는 다음과 같다.

① 고객은 고객 서비스가 아니라 가치를 추구한다. 잠재적 구매자는 제품, 가격, 지원, 정보를 모두 포함한 토탈 가치 패키지와 함께 자신의 독특한 이해에 맞는 부대 조항을 원한다.

② 작은 기적은 효과가 없다. 고객 가치의 작은 차이는 고객의 선호도가 재구매 행동에 별다른 영향을 미치지 못한다. 고객을 끌어들이기 위해서는 남보다 훨씬 상당히 뛰어나야 한다.

③ 고객 중심을 허위로 만들 수는 없다.

④ 대부분의 영웅적인 고객 중심의 프로그램은 실패한다.

⑤ 리더가 원하지 않으면 고객 중심의 마인드를 가질 수 없다.

⑥ 직원이 느끼는게 바로 고객이 느끼는 것이다.

⑦ 태도는 감출 수 없다.

⑧ 제조업 모델은 맞지 않는다.

⑨ 말은 행동만큼 중요하다.

⑩ 성공은 끝이 없다.

다음은 경영자가 해야 할 일이다.(칼 알브레히트, 서비스아메리카)

① 고객의식 : 고객을 향한 초점을 다시 맞춰라. 고객을 위한 가치창조는 끊임없이 계속된다. 고객의 가치 인식의 중요성을 깨닫고 조직의 성공과 연결시키려는 노력을 기울여야 한다. 정기적 시장과 고객조사, 그 결과의 공유, 비즈니스 라인에서의 고객가치 이해 및 전달 방법의 이해, 고객가치냐 실적이냐? 고객인식 측정 시스템의 보유, 고객과의 정기적 모임, 고객의 소리를 듣는 프로그램 운영

② 전략적 포커스 : 서비스 전략을 다시 세워라. 전략적 포커스 즉 비즈니스 모델과 서비스 시스템의 디자인, 기업운영의 기초가 되는 고객 가치 전제는 무엇인가, 그 고객가치 전제는 합리적인가, 조직 내 임직원이 이를 이해하고 심각하게 받아들이는가, 비즈니스 모델의 우선순위 재정비, 고객 가치 모델의 핵심적 진실 반영, 비즈니스 모델에서 가치 패키지 수정, 다른 사업으로의 확장, 정보 기술의 사용 가능성, 기술을 통한 고객 경험의 획기적 개선 및 효과적 서비스 전달

③ 재배치 : 시스템을 길들여 기술을 적극 활용하라. 서비스 전달 시스템을 종합적으로 재검토하고, 서비스 전략 전달 능력 즉 시스템 지능 심사, 서비스 사이클 및 핵심 가치전달 패턴 파악, 시간 돈 에너지 낭비 특히 고객의 것에 대한 낭비 체크, 접점직원에 대한 고객가치 확인, 직원의 업무 우선순위와 고객가치모델의 핵심요소와의 관계, 직원들의 장애물, 서비스의 수준과 개선해야 하는 측면 확인

④ 리더십 : 직원의 협력을 유도하라. 직원의 이해, 직원의 상태 확인, 직원의 원함, 추구하는 바, 직원의 우선순위, 장애물, 사기, 직원의 비전과 사명의 이해도, 전략과 포커스에 대한 커뮤니케이션, 업무지식, 기술, 태도 훈련, 지원, 자유와 권한, 팀으로서의 작용 여부, 회사생활의 질적 판단, 상사의 능력, 회사에서의 학습과 성장 기회, 미래 확신, 회사의 진정한 가치에 대한 생각, 유언비어 확인, 조직문화 파악, 얼굴과 이름의 기억, 격려와 애정, 칭찬, 에너지 충전을 통한 전 임직원의 지향점 통일

대인관계 서비스 마인드 개발

어제도, 내일도 아니라 바로 지금이다. 우리가 가진 것은 오직 '지금'뿐이다. 어제 무슨 일이 있었건, 내일 무슨 일이 생기건, 개의치 말라. 오늘 해야 할 일을 충실히 할 때 행복과 만족을 찾을 수 있다. – 앤드류 매튜

1. 인간은 사회적 동물

에릭프롬(Erich Fromm)은 인간이 가장 견디기 어려운 공포는 '고립과 추방'에 대한 공포라고 한다. 사람들의 인생이란 사람들과의 관계를 맺기 위해 끊임없이 도전하는 과정이며, 이때 발생하는 대인관계는 인생의 성공과 실패를 좌우하는 것임에 틀림없다.

현대인에게 인생의 성공을 좌지우지하는 대인관계 능력은 지적 능력 지수인 IQ(Intelligence Quotient)보다 마음에서 우러나오는 감성 능력 지수인 EQ(Eomtional Quotient)가 중요한 시대라는 점은 틀림이 없다.

EQ의 특징은 자기통제, 열정, 인내력, 동기부여 등의 개념을 포괄한다. 사람들의 EQ의 능력은 자신감, 호기심, 계획성, 자제심, 관계성, 커뮤니케이션능력, 협동심 등을 의미한다.

다음은 대인 지능(사회적 지능)의 특성과 필요한 교육에 대한 내용이다.

적합 분야	특 성	필요한 교육
정치인 교사 상담가 세일즈맨 관리자 홍보	협상능력이 뛰어남 사교적임 타인의 마음을 잘 읽어 냄 의사소통이 뛰어남 사람들과 함께하길 좋아함 친구가 많음 그룹활동을 좋아함 분쟁 중재능력이 있음 협조하는 것을 좋아함 사회적 상황을 잘 파악함	협동하며 배우기 대인관례를 맺기 위해 휴식시간 갖기 우호적인 관계와 대화의 기술 이용하기 학습결과에 대해 축하해주기 사교활동을 학습내용에 접목하기 그룹활동하기 다른 사람 가르쳐주기 원인과 결과 분석하기

2. 대인관계 패러다임

다음은 스티븐 코비의 대인관계 원리를 소개한다. 모두 6 차원으로 구성되어 있으며, 이중 승/승 원리에 대한 이해가 새롭게 시도되어야 할 것이다.

① 승/승 패러다임(모두 이기기) = 공존의 철학

② 승/패 패러다임(나는 이기고, 상대방은 지기) = 적자생존의 법칙, 서열화, zero-sum game

③ 패/승 패러다임(나는 지고, 상대방은 이기기) = 양보, 희생, 용기와 비전 결여

④ 패/패 패러다임(모두 지기) = 복수, 갈등, 염세주의자

⑤ 승 패러다임(나만 이기기) = 자기중심적 사고, 이기주의

⑥ 무거래 패러다임(거래=상대 않기) = 무관심, 대인관계의 포기로 자유 획득

3. 대인관계에서의 승리=상생(相生)

현대인의 대인관계에서의 승리를 위해서는 먼저 상대를 이해하려고 노력한 다음, 상대방에게 자기를 이해시키는 일이 가장 중요한 열쇠를 쥐고 있다. 이러한 상생의 원리는 다른 사람을 이기는 것을 의미하는 것이 아니다. 다만 너도

좋은 상태요 나도 좋은 상태로 도달하기 위한 풍요의 심리가 작용하는 것이며, 모든 것이 너그러운 상태로의 도달이라고 해도 좋다.

가장 중요한 심리상태는 내가 옳으면 상대방도 옳을 수 있다는 마음가짐에서 출발한다. 그렇지만 효과적인 대인관계는 오직 개인의 독립성이란 기반 위에서 이루어진다. 개인의 독립성이란 스스로 이루어 내는 자기수양, 자기계(개)발, 자기절제 등을 통해 달성될 수 있다.

4. 대인관계의 원칙

다음은 스티븐 코비의 성공하는 사람들의 7가지 습관 중에서 승/승적 패러다임을 달성하기 위한 내용을 소개한다. 대인관계에서의 상생을 이루기 위해서는 무엇보다도 먼저 승/승적 사고에 바탕을 두어야 한다.

승/승적 사고에 바탕을 둔 대인관계 원칙 요소는 다음과 같다.

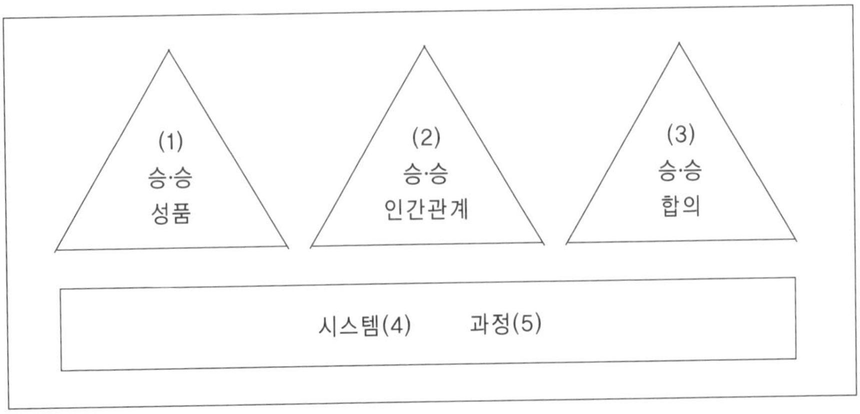

① 성품 : 언행일치, 성숙도(배려+용기), 풍요의 심리
② 인간관계 : 신뢰를 바탕으로 한 상생(相生)
③ 합의 : 양자간 성공적 동업자 되기, 생산적인 상호작용(기대성과, 실행지침, 가용자원, 성과확인, 상벌결과)
④ 시스템 : 조직내부의 제도(환경)
⑤ 과정 : 결과가 중요하지만, 해결방안에의 도달과정과 원칙을 지키는 과정 중시

5. 자신 바로알기 ☺ 😐 ☹

[1] 자아(Self)

자기의 본성, 자기의 전형적 행동, 자기의 장단점에 대한 본인 스스로의 신념과 판단의 집합

[2] 자아의 종류

① 물리적 자아(육체, 소유물)
② 심리적 자아(성격, 능력, 적성)
③ 사회적 자아(타인과의 관계에서의 위치와 신분)
④ 현실적 자아, 이상적 자아, 의무적 자아, 가능한 자아

[3] 자아개념 명확, 긍정적 사람일수록 건강한 자긍심과 자신감 소유

① 자아개념은 획득된다.
② 자아개념은 의미 있는 타인에 의해 영향을 받는다.
③ 자아개념은 외부로 확대된다.
④ 형성된 자아개념은 강화된다.

[4] 자아상태 확인

자아상태 즉, 내적감정의 일관된 체계로서 일관된 행동유형으로 표출되는 것을 의미하며, 말하는 내용, 말버릇, 얼굴표정, 태도, 자세, 모습, 제스처, 숨결 등을 의미한다.

① 부모 자아상태 : 엄격한 규율 중시, 비판형과 애정을 가진 보호형
② 성인 자아상태 : 이성적, 합리적, 효율성 추구, 현실적
③ 어린이 자아상태 : 천진난만한 충동적 행동형, 순응형

[5] 자아개방

개인적으로 의미 있는 정보를 타인에게 나타내어 보이는 것을 말한다.

① 개방성과 상호 신뢰관계의 구축이 갖는 가치 인식하기, 자신의 개인적 감정에 대해서 이야기해도 좋은 시기의 파악 능력

② 자기의 정체를 드러내고 분명히 자신을 보여주는 것을 의미

[6] 조 해리의 창

① 고립형 : 자신과 남이 알 수 있는 영역이 대단히 좁은 사람, 매사 소극적

② 신중형 : 자신은 알고 있으나 숨겨진 부분이 대단히 넓다, 수용적이며 속이 깊고 신중한 사람, 말하기보다 듣기 좋아하며 매사 비밀이 많음

③ 자기주장형 : 남을 알고 있으나 자신은 알지 못하는 영역이 넓다, 자신의 기분을 중요시하며, 다른 사람을 무시하는 독단적 경향

④ 개방형 : 남도 알고 자신도 알고 있는 부분이 대단히 넓다, 적절히 자기표현을 잘하며, 다른 사람의 말도 잘 경청, 호감과 친밀감, 원만한 대인관계

	자신이 알고 있음	자신이 모르고 있음
타인에게 알려짐	공개적 영역 (개방형)	맹목적 영역 (자기주장형)
타인에게 알려지지 않음	숨겨진 영역 (신중형)	미지의 영역 (고립형)

6. 자아개방의 걸림돌

① 상대방을 믿지 못한다.

② 서로 아는 사이라는 것은 오히려 자아개방에 장애가 된다.

③ 소문의 두려움 때문에 사람들에게 자아개방을 꺼려한다.

④ 어린시절부터 들어온 침묵은 금이란 금언

⑤ 경쟁시대에서 자기개방은 오히려 치명적이 될 수 있다.

7. 인생관

[1] 인생관

① 자기부정/타인긍정 : 성숙도가 낮은 초기 아동기, 타인의존, 자기비하, 소외감

② 자기부정/타인부정 : 자신/타인 불신, 자신감 부족, 희망/비전 부족, 정신분열

③ 자기긍정/타인부정 : 타인불신, 자신감, 독선, 권력지향적, 범죄로 발전가능

④ 자기긍정/타인긍정 : 심리적/정서적 성숙도 가장 높은 단계, 건설적, 희망적 OK Land(남과 함께 협력 공존하는 단계)

[2] 자기존중감 확립 방법

① 자신이 스스로 자기이미지를 통제한다는 것을 인식하라

② 타인이 당신의 기준을 평가하게 하지 말라

③ 비현실적인 목표를 인식하라

④ 부정적인 자기대화를 수정하라

⑤ 당신의 장점을 강조하라

⑥ 자신을 향상시키기 위해 노력하라

⑦ 긍정적인 시각으로 타인에게 접근하라

8. 상대방 이해하기

① 상대방은 인간이다. 상대방은 타인이다. 그(녀)는 상대방이다.

② 인간은 독자적 존재, 양면적 존재, 상호작용하는 존재

③ 상대방 이해의 함정 : 후광효과, 논리적 과오, 관대효과, 지나친 단순화, 시간적 확장, 대비효과, 동일시, 과장, 잠재적 의도

④ 상대방에 대한 사고의 오류 : 인간은 상징적 동물 - 인지적 오류 발생 : 이분법적 사고, 과잉일반화, 정신적 여과, 의미축소(확대), 개인화, 감정적 추리, 잘못된 명명, 독심술적 사고, 예언자적 사고

9. 입장의 차이와 갈등

지금도 이해할 수 없는 그 얘기로 넌 핑계를 대고 있어. 내게 그런 핑계 대지 마. 입장바꿔 생각을 해봐. 니가 지금 나라면 넌 웃을 수 있니. 혼자 남는 법을 내게 가르쳐준다며 농담처럼 진담인 듯 건넨 그 한마디. 안개 꽃 한다발 속에 숨겨둔 편지엔 안녕이란 두글자만 깊게 새겨있어. 이렇게 쉽게 니가 날 떠날 줄은 몰랐어. 아무런 준비도 없는 내게. 슬픈 사랑을 가르쳐 준다며 넌 핑계를 대고 있어... 김건모 노래가사

[1] 입장(立場)

현재 서있는 위치 및 장소, 영구불변이 아니며 바뀔 수 있는 이해관계, 신분 및 지위, 역할, 주위 기대, 사상과 가치관, 상황변화, 시간변화, 인생의 목표, 집단의사

[2] 역지사지(易地思之)법

입장을 상대방과 바꾸어 생각해 본다는 의미로 대인관계 해결의 열쇠이다.

※ 황희정승, 타고르의 예

※ 분석적(이성적) 이해와 공감적(감정적) 이해의 방법이 있다.

[3] 갈 등

갈등은 두 가지 상황 가운데 한 가지 상황만을 선택해야 할 때 발생하며, 처음에는 입장차이로 출발 → 관점차이 → 논리차이 → 갈등유발의 순서로 발전

한다.

① 갈등근원 : 성격 불일치, 가치관 불일치, 의사소통 장애, 경쟁, 역할차이
② 접근(+) 접근(+) 갈등 : 2가지 다 매력적인 대상일 경우
③ 회피(−) 회피(−) 갈등 : 2가지 다 부정적인 대상일 경우
④ 접근(+) 회비(−) 갈등 : 어떤 자극이 동시에 긍정적이면서 부정적인 경우

[4] 갈등대응 방법(문제해결을 위한)

① 방어기제(빠져나갈 임시방편) : 억압(참자), 퇴행(어린시절), 합리화(할말 있다), 투사(너도 그렇잖아), 전치(종로에서 뺨맞고 청량리에서 화풀이), 백일몽(유쾌한 상상), 동일시(나도 출세한다), 고립(하지 않으면 되지), 속죄양 만들기(너 때문이야) 등

② 대응기제(적극적인 해결) : 보상(용머리 뱀꼬리), 억제(시간을 벌자, 때를 기다리자), 객관화(가슴이 아닌 머리로 판단), 논리적 분석(공상하지 말자), 집중(딴 마음 먹지 말자), 공감(진정으로 이해한다), 유머감각(인생은 희극이야), 모호성을 견디는 인내력(올바른 판단)

10. 의사소통 ☺ 😐 ☹

① 두 사람 사이에 감정, 태도, 신념, 생각, 사실 등을 전달하는 과정
② 언어 이외에도 비언어적 의사소통 방법 다수 존재
③ 발신자, 메시지, 수신자, 채널
④ 의사소통의 장애요인 : 과거 경험, 선입견, 고정관념, 감추어진 의도, 물리적 환경(소음, 온도, 정신을 집중할 수 없게 하는 상황 등)
⑤ 비언어적 의사소통 : 말 7%, 억양, 목소리 톤, 크기 등 38%, 태도 55%
 ㉮ 언어적 표현을 대체하는 역할
 ㉯ 동시적으로 발생하는 언어적 전달을 강조
 ㉰ 언어적 전달을 보충
 ㉱ 대화흐름 조정

㉲ 정서 전달

㉳ 손짓(만국공통어), 눈맞춤(눈표정), 얼굴표정(입모양, 미소), 신체접촉(아랍, 유대, 동유럽, 중미, 지중해연안), 거리두기(친밀, 사적, 사교적, 공적), 음성효과(신음, 한숨, 비명, 투덜거림)

⑥ 언어적 의사소통 : 침묵법, 동의법, 거절법, 칭찬

11. 고객과의 대인관계

고객에 대한 7가지 죄악

1. 고객을 기다리게 해 놓고 내버려두는 행위
2. 고객과 말다툼 또는 싸우는 행위
3. 고객에게 부정확한 정보를 제공하는 행위
4. 고객 앞에서 동료 종사원들과 다투는 행위
5. 고객의 요구사항이 별로 중요치 않으며, 사소한 것으로 생각하는 행위
6. 지저분하고, 비전문가처럼 보이거나 행동하는 행위
7. 고객을 앞에 두고 책임을 다른 사람에게 전가시키는 행위

[1] 고객이 떠나는 이유

고객이탈 원인	확률(%)
사망	1
이사, 전출 등	3
친구 및 친인척	5
저가 상점으로 선회	9
불편, 고충처리 불만족	14
관심부족 또는 명백한 무관심	68

[2] 고객은 누구인가?

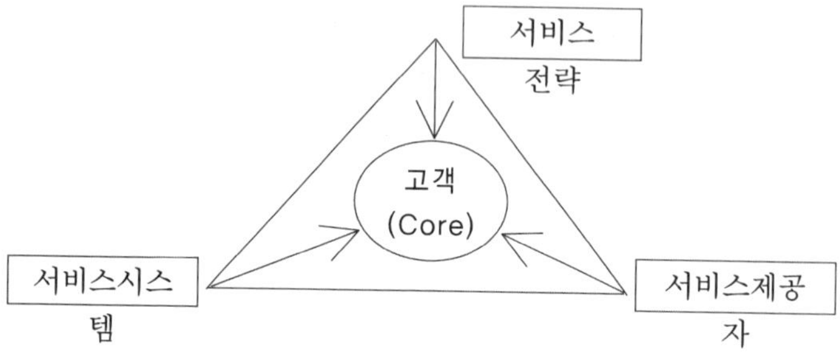

가장 소중한 사람, 우리의 운명이 고객에 달려있다, 우리가 일하는 목적이고 일할 수 있는 기회를 주는 은혜를 베푸는 존재, 우리 사업의 한 부분, 통계적인 숫자가 아닌 우리와 같은 인간, 우리와 싸우는 대상이 아니며 고객과 싸워서 이길 수 있는 사람은 이 세상에 아무도 없다, 우리에게 욕구를 가지고 오는 존재이며 우리는 그것을 처리해야하는 의무가 있다

[3] 고객의 8가지 범주

고객이 바라는 6대 요구사항은 친절, 이해와 공감, 공평성, 조정, 선택과 대안, 정보제공이다. 다음은 고객에 대한 분류체계이다.

① 직접고객 : 일차고객 - 제품 또는 서비스를 구입하는 사람
② 간접고객 : 최종소비자와 2차 소비자 포함, 편의점, 슈퍼
③ 의사결정권자 : 구매결정에 지대한 영향을 미치는 존재, 호텔-여행사
④ 공급업자 : 상호 이익을 실현한다는 점에서 고객을 인정
⑤ 의견선도자 : 제품에 대한 평판, 평론가, 소비자단체, 기자, 전문가, 미디어
⑥ 규제시행자 : 기업 운영 관련 법류 제정 및 집행부, 정부, 의회
⑦ 경쟁자 : 경쟁자에 의한 발전 가능성
⑧ 내부고객 : 종사원

[4] 서비스 품질의 10차원

① 유형성(물리적 시설)

② 신뢰성(약속된 서비스의 정확한 수행),
③ 반응성(고객에 대한 신속한 서비스 제공 마음),
④ 능력(필요한 기술 및 서비스 수행 지식소유),
⑤ 예절(서비스제공자의 정중함, 친절함),
⑥ 신빙성(서비스 제공자의 신뢰성, 정직성),
⑦ 안전성(위험, 의심의 가능성이 없는 것),
⑧ 가용성(접촉 가능성과 접촉 용이성),
⑨ 커뮤니케이션(고객이 이해하기 쉬운 언어사용 및 고객 경청),
⑩ 고객이해(고객의 욕구를 알기위해 노력하는 것)

[5] 고객과의 성공적인 관계를 위한 원리

(1) 내 마음을 우선 사로 잡아라

- 스스로 '할 수 있다'는 자기 암시는 성공확률 높인다.
- 자기충족적 예언 : 동기부여, 몰입, 확신, 노력, 목표설정, 자기만족

(2) 자주 만나라

자주 접하는 사람에게 호감가는 것은 인지상정, 첫인상 주의

(3) 보상을 주어라

사람들은 언제나 이익을 주는 사람을 좋아하게 마련이다, 고객입장에서 생각, 고객을 구분해서 보상하라, 고객 기대수준을 파악해서 접대하라, 항상 고객만족을 위해 행동으로 추구하라.

(4) 고객을 존중하라

고객은 최고증후군이 있다, 고객은 자신을 알아주고, 자신의 명예와 체면을 높여주는 사람을 좋아하고, 그러한 곳을 즐겨 찾는다.

① 이름을 기억하라
② 비굴한 노예는 되지 말라
③ 너무 접근하지 마라

④ 고객의 말을 경청하라
⑤ 고객의 단점을 감싸고 장점을 칭찬하라
⑥ 고객과 민감한 주제 특히 정치, 종교 등의 토론은 삼가라
⑦ 자존심을 건드리지 말아라

(5) 약속시간을 중시하라 : 고객은 기다림을 싫어한다(심리적 시간 처리)

(6) 믿음을 주어라

고객은 전문성, 신속성, 신뢰성, 일관성을 보여주는 서비스 제공자를 찾는다. 이중 신뢰성이 제일 중요하다. 신뢰성은 전문성, 일관성, 예의, 고객과 상품 및 서비스에 대한 충분한 정보가 있을 때만 구축된다.

(7) 고객을 닮아라

- 사람들은 자신과 비슷한 연령, 인종, 사회적 지위, 교육, 지능, 신체적 매력, 학교, 문화, 종교 등을 가진 사람에게 호감을 느낀다.
- 유유상종(類類相從)

(8) 가까이 있어라

사람은 자신과 가까이 있는 사람에 대해서 관심이 있고 호감을 갖는다.(근접성의 원리, 심리적 거리)

[6] 대 고객관계기업의 훈련 4단계

(1) 고객과 커뮤니케이션 할 수 있는 통로를 만든다
(2) 고객이 불평하는 문제의 근본은 무엇인가를 찾아내는 구체적 질문을 한다.
(3) 그 문제를 해결하기 위해 회사정책 내에서 최선을 다한다.
(4) 회사의 명성에 대한 고객의 신뢰를 되살려 낸다.

[7] 까다로운 고객처리 6단계

(1) 1단계(참아라)

고객이 자신의 감정을 발산할 수 있도록 내버려 두어라.

(2) 2단계(문제에 초점)

색안경을 끼고 고객을 평가하는 오류를 범하지 말라.

(3) 3단계

동감을 표현하는 말과 사과표현을 활용해 고객과 공감을 표시하라.

(4) 4단계

적극적으로 문제를 해결하라.(여러 질문기법을 동원해 정보 수집)

(5) 5단계

있는 그대로를 반영하는 기법으로 모든 사항들을 2중으로 점검하라.

(6) 6단계

고객과 해결책에 대해 합의에 이르도록 하라.(약속은 여유있게, 예상보다 빠른 처리)

국제매너와 異문화 이해

고객 앞에서는 항상 예의를 보여라. 처음 만나는 고객에게 호감을 줄 수 있는 방법은 그것으로 족하다. 예의는 교양에서 오는 것이며, 이는 모든 사람의 호의를 얻는 일종의 마법약과 같은 것이다. 그러나 반대로 무례함은 타인으로 하여금 경멸과 반감을 살수가 있다. 무례함이 자만에서 오는 것도 서비스인은 주위해야 할 것이다. 너무 소홀한 예의보다는 차라리 지나친 예의가 낫다. 그러나 모든 사람과 똑같은 예의를 보여서는 안 된다. 고객 앞에서는 항상 정중해라. 대부분의 서비스 인들은 실제 그들의 모습대로 또는 하고 싶은 대로 말하는 것이 아니라 그들의 직무에 맞게 고객 앞에서 교양 있게 말한다. 고객에게 예의를 보이는 것이 돈이 안 들면서도 큰 힘들 과시한다. 고객을 섬기는 자는 섬김을 받는다. 예의는 바로 그것을 보여주는 사람에게 늘 머물게 되는 법이다.

1. 에티켓과 매너의 의미

[1] 에티켓의 어원과 의미

① 에티켓(Etiquette)의 어원

- 우리나라의 예의범절과 유사한말

• 그 어원은 Estiquier(불어) 나무 말뚝에 붙인 출입금지라는 의미

→ 베르사이유 궁전을 보호하기 위해서 궁전주위의 화원에 말뚝을 박아 행동이 나쁜 사람이 화원에 들어가지 못하도록 붙여 놓은 것이 에티켓의 기원

• 오늘날의 의미로 해석

→ 상대방의 "마음의 화원(꽃밭)"을 해치지 않는다는 의미로 넓게 해석

→ "예절"이란 의미로 자리 잡게 됨.

② 에티켓의 의미

• 인간관계를 잘하기 위한 마음의 외적인 표현
• 상대방에게 호감을 주고
• 폐를 끼치지 않고
• 상대를 존경, 존중
• 상대방의 실수를 감싸주는 것
• 상대방을 당혹스럽게 만들지 않는 것
• 매너 있는 생활을 위한 방법론적인 접근

[2] 매너의 어원과 의미

① 매너(Manner)의 어원

• 매너라는 말은 manuarius 라는 라틴어에서 생겨난 것
manuarius라는 manus와 arius라는 말의 복합어로 manus란 영어로 hand란 뜻으로 이말은 사람의 손이란 뜻 외에 사람의 행동, 습관 등의 뜻을 내포 arius는 영어로 more at manual, more by the manual 이런 뜻으로 방식, 방법의 의미를 나타냄.

• 매너를 사전에서 찾아보면 방법, 방식, 태도라고 명시, 복수로는 예의범절이라고 되어있음.

• 매너는 사람마다 갖고 있는 독특한 습관, 몸가짐으로 해석

② 매너의 의미

• 상대방을 존중해 주는 것
• 상대방에게 불편이나 폐를 끼치지 않고 편하게 하는 것

• 인간평가 요인

[3] 에티켓, 매너의 기본개념

① 상대방이 잘하기를 기다리기 전에 자신부터 마음을 바로 잡고 바르게 행동하는 습성
② 스스로를 낮추고 상대방의 인격을 존중하고 상대방의 기분을 헤아려주는 마음
③ 상대방에게 폐를 끼치지 않는 것.
④ 기분 좋게 상대방에게 전달하는 방법.
⑤ 지나쳐도 실례가 되고 소홀해도 실례인 것. (진심에서 나오는 말과 행위이어야 함.)
⑥ 인격이며 품위의 반영이며 일상생활의 밑거름이 되는 행위의 규범

[4] 에티켓과 매너의 차이점

① 에티켓 : 사람들 사이의 합리적인 행동 기준을 가리킬 때 사용
② 매너 : 이러한 에티켓을 바탕으로 행동으로 나타내는 것

[5] 에티켓과 매너의 중요성

① 우리의 생활주변에서 왜 매너는 강조되는 것일까?
② 또 잘 지켜지지 않는 이유는 무엇인가?
③ 글로벌 시대?
- 글로벌 시대에 살고 있는 우리는 어느 때보다도 에티켓과 매너의 중요성을 인식하여야 할 때
- 글로벌 시대의 기본
- 고객을 맞이할 때 기본적인 매너가 안 되어 있다면 상대방은 우리의 수준을 낮게 볼 것이고 또한 Business 도 성공하기 쉽지 않을 것이다.
- 외국인 응대 시 그 나라에 대한 에티켓, 매너 등을 먼저 알아두는 것이 오히려 상담 내용보다 중요할 때가 있다. 그들이 마치 자기 집에서 머무는 것

같이 편안하게 느낄 수 있도록 …

• 21세기 기업경영을 책임을 맡을 서비스맨은 다양한 환경, 다양한 국가, 다양한 기능에 능동적으로 대처할 수 있는 능력을 갖춰야 한다.

④ 서비스인은 매너 없는 생활을 생각할 수조차 없다.

⑤ 서비스인은 단, 하루라도 매너라는 생활에서 떠날 수 없다.

[6] 매너를 잘 지켜서 올바른 생활을 영위하려면 우선적으로?

① 친절(Kind)한 사람이 되자.

• 친절한 사람은 그 말씨가 곱고 부드럽고 상냥하며 친절한 사람은 그 표정은 항상 맑고 밝고 명랑 친절한 사람은 그 태도는 언제나 겸손하고 정중하다.

• 착한 사람
인정이 넘치는 사람
순수한 사람

② 우선적으로 매너를 몸에 익히는 것이 중요하다.

2. 서양에티켓의 실제

[1] 약 속

① 약속의 의미

• 약속이란 상호간 필요한 일을 성취하기 위해 무엇인가 하겠다고 하는 의사표시

② 약속의 형태

• 시간약속
• 물질적인 교환의 약속
• 언제까지 부탁한 일을 해주겠다는 것 등.....

③ 약속의 원칙

• 어떠한 형태의 약속이든 꼭 지켜야 한다.

- 특히 약속은 친한 사이 일수록 더 잘 지켜야 한다.
- 어떤 일을 모면하기 위한 수단으로 약속을 해서는 안 된다.
- 약속은 쉽게 하지 말아야 한다.
- 가볍게 승낙하여 약속한 것은 실행성이 희박하다.
- 지키지 못할 약속을 많이 하기보다는 지킬 수 있는 약속을 가려서 하는 것이 그 실행에 있어서 가장 충실하다.
- 약속한 것을 잊어버리는 것은 자기의 신용과 신의를 해치는 것이다
- 일단 자기가 약속한 것이면 어떠한 일이 있어도 실천하려는 마음가짐이 중요하다.
- 더욱이 고객과의 약속은 생명처럼 여겨야 한다. 한번 한 약속은 아무리 바쁘더라도 잊어서는 안 된다.

④ 약속의 제의

서신을 통한 방법 → 추후확인전화를 반드시 상대방을 고려하여 사전에 여유 있게 제의

[2] 소 개

① 소개하는 순서

- 남성을 여성에게 소개
- 윗사람을 아랫사람에게 소개
- 중요한 사람에게 덜 중요한 사람을 소개

② 소개시 에티켓

- 처음 만날 때에는 대개 악수를 한다, 그러나 문화에 따라 인사법이 다를 수 있으므로 상대방의 인사법을 익혀두는 것이 중요하다.
- 구체적인 상담은 영어로 하더라도 인사만큼은 현지어로 하는 것이 예의
- 상대방을 호칭할 때 Mr,나 Mrs,를 사용, 성과 이름의 구별이 쉽지 않으니, 미리 물어 보아 실수를 방지하는 것이 중요하다.
- 남성은 자기가 소개된다는 것을 알면 바로 일어서야 한다.

③ 소개의 5단계

- 1단계 : 자리에서 일어선다.

• 2단계 : 상대방의 눈을 바라보며 즐거운 표정을 짓는다.
• 3단계 : 악수나 인사를 한다.
• 4단계 : 인사를 하면서 상대방의 이름을 반복한다.
• 5단계 : 대화가 끝난 후에는 마무리 인사를 한다.

④ 대비 문제
• 젊은이를 나이든 사람에게 소개할 때
• 회사 동료를 외부인 에게 소개할 때
• 일반인을 관료에게 소개할 때
• 하위직 사원을 상위직 사원에게 소개할 때
• 회사 임원을 고객에게 소개할 때

⑤ 이 름
• 상대방의 이름을 정확히 호칭한다는 것은 가장 중요한 에티켓 중의 하나
• 고객의 성함은 어떻게 알 수 있을까?

[3] 악 수

① 악수의 유래
• 악수는 본래 중세 유럽에서 낯선 사람끼리 맞닥뜨렸을 때 상대방에게 적의가 없음을 나타내는 평화를 상징하는 바디 랭귀지였다.
• 사냥이나 전쟁을 하러 나갔을 때 우호적인 상대방을 만난 경우 오른손에 들고 있던 무기를 버리고 대신 손을 내민 데서부터 시작되었다.
• 오늘날 비즈니스 사회의 격식과 사람간의 친근한 정을 함께 담고 있는 인사법으로, 사회활동의 문을 여는데 매우 중요한 행위이다.

② 처음인사를 나눌 때 반드시 악수를 한다.
• 하지만 그 후에 만날 때도 반드시 악수를 하는 것은 아니다.

③ 악수를 좋아하는 서비스인의 특징?

④ 올바른 악수법

a. 틀리기 쉬운 우리의 악수 자세
• 지나치게 두 손을 붙잡는 것은 아부성 인사로 인식 될 수 있다.
• 동양인중에는 악수를 하면서 절을 하는 사람들이 꽤 많은데, 악수가 바

로 서양식 인사이므로 절까지 할 필요는 없다. 두 가지를 함께 하면 비굴한 인사가 된다.

- 상대방이 웃어른 이라면 먼저 절을 하고 난후 어른의 뜻에 따라 악수를 한다. 이 때 역시 허리를 굽힌다거나 두 손으로 손을 감싸 안을 필요는 없다.
- 특히 외국인과 악수할 때 상대방이 '절' 이라는 인사법을 모른다는 것을 명심하고 허리를 꼿꼿하게 세워서 상호 대등하게 악수를 나누는 것이 중요하다.

b. 악수의 5원칙

- 미소(smile)
- 눈 맞춤(eye-contact)
  - 고객의 눈을 보지 않고 하는 악수는 큰 실례이다. (서구에서는 상대방의 눈을 똑바로 쳐다보는 것을 정직한 것으로 이해한다.)
  - "당신을 만나서 정말 반갑습니다." 라는 눈빛으로
  - 적당히 눈을 응시해 주어야 상대에게 신뢰감을 줄 수 있다.
- 적당한 거리(distance)
  - 지나치게 팔을 길게 뻗기보다는 50～100cm 이내에서 손을 뻗는 것이 자연스럽다.
  - 손을 팔꿈치 높이만큼 올려서 팔꿈치가 자연스럽게 굽혀지는 정도의 거리에 서서 손을 내밀어야 한다.
- 손을 잡을 때
  - 적당한 힘을 주면서 상대방의 손을 잡아야 한다.

Bone Crush형	손의 뼈가 으스러지도록 세게 잡는 유형 처음 만난 사람에게 이렇게 힘을 주는 것은 "당신을 꼭 누르고야 말겠다"는 뜻, 상대에게 불쾌감을 줄 수 있다.
Finger Pinch형	손가락만 세게 쥐면서 악수하는 유형 상대에게 불쾌감을 줄 수 있는 좋지 않은 악수법
Dead fish형	죽은 물고기를 잡듯 힘없이 잡는 유형 특히 상대방의 손을 세게 잡는 미국인들이 가장 싫어하는 악수법이다. 이는 차갑게 손을 내밀어 무관심을 표현하는 것이다.

• 손을 흔들 때

- 손을 지나치게 흔드는 것은 실례이며, 점잖아 보이지 않는다.
- 2~3번 정도가 가장 적당
- 잡는 손을 놓을 때에 너무 오래 잡고 있으면서 상대방에게 부담을 주거나 흔들자마자 손을 놓으면서 차가움을 전달하는 것은 좋지 않다.
- 2~3번 흔들고 약 2초 정도 잠시 상대방의 손을 꼭 잡았다가 놓는다.

⑤ 악수를 청할 때

• 남성은 반드시 일어서야 한다.

• 여성은 앉은 채로 악수를 받아도 상관이 없다. 그렇지만, 연배의 여성은 제외하더라도 젊은 여성이 앉아 있는 모습은 보기에 좋지 않으므로 일어서는 것이 좋겠다.

• 악수를 청하는 순서

여성 → 남성

선배 → 후배

연장자 →연소자

기혼자 →미혼자

상급자 →하급자

고객 →종사자

⑥ 여성과의 악수

• 손을 잡을 때 : 남자와 여자가 악수 나눌 때 형식적으로 살짝 손끝만 내밀고 역시 손끝만을 잡는 것은 큰 실례가 되는 악수법 이다. 이는 상대에 대한 신뢰감이 덜하다는 뜻으로 인식을 준다. 당당하게 손을 내밀어서 두 손을 꼭 맞잡아 주는 것이 신뢰감을 줄 수 있다.

• 손을 흔들 때 : 여성은 흔들지 않는다.

• 장갑을 끼었을 때 : 여성이 정장용의 팔꿈치까지 긴 장갑을 끼었을 때와 거리에서는 장갑을 끼고 남자는 아무리 추워도 오른쪽 장갑만은 벗어야 한다. 그러나 상대가 악수를 하려고 손을 내밀고 있을 경우 양해를 구하고 장갑을 낀 채 악수하는 것이 낫다.

⑦ 악수의 유형

• 상대방의 손을 적당히 세게 쥐는 악수 →

- 오래 잡고 있는 악수 →
- 허술하게 쥔 손 →
- 차갑고 기운이 없는 손으로 하는 악수 →

[4] 호 칭

① 서양인의 이름의 구성

- 서양인의 이름은 다음의 3가지로 구성
  - a. Christian name 또는 First name
  - b. Middle name
  - c. Surname 또는 Family name
- 이름의 배열을 올바르게 이해해야 한다.
- 직함을 중요하게 생각한다.
- 발음에 특별히 주의해야 한다.

② 일반적인 호칭

③ 여성의 이름

- 부인으로서의 호칭
- 미망인이 된 후의 호칭
- 이혼한 후의 호칭

[5] 명 함

① 표기법

- 회사 로고나 심벌
- 자신의 이름
- 직위
- 회사 이름
- 회사 · 주소
- 전화 번호
- 팩스 번호

- 비즈니스를 위한 명함은 2개 국어로 제작
- 유럽에서는 신용을 얻기 위해 명함에 학위를 표시하기도 한다.
- 독일인, 네덜란드인, 스위스인을 만날 때는 회사가 세워진지 오래되었다면 그 회사 설립연도를 표기하기도 한다.

② 명함 교환 매너

- 명함을 줄 때
  - 일어나서 인사
  - 회사명 , 소속, 이름순으로 이야기
  - 방문자가 먼저 내는 것
- 명함을 받을 때-양손으로 정중히 받으며 받은 명함은 바로 눈으로 보며 읽을 수 없는 글자가 있다면?
- 테이블 위에 놓고 이름을 가끔씩 부르면서 대화
- 보관법 - 명함 케이스에 보관, 구겨지지 않도록 주의, 명함철에 잘 정리 명함 정리 시 바로 필요한 명함과 그렇지 않은 명함을 구분

③ 메모 매너

④ 메모 사항

- 어디에 기록할까?
- 무엇을 기록할까?
  - 특징
  - 취미

⑤ 명함 교환시 주의점

- 더러워지거나 끝이 접힌 것은 사용하지 않는다.
- 바로 명함을 집어넣는다. (×)
- 이야기를 하면서 손으로 만지작거리는 것. (×)

[6] 팁 문화

봉사료는 영어로는 일반적으로 Tip이라고 하지만 Gratuity가 정중한 표현이다. 우리나라는 호텔이나 몇몇 레스토랑의 경우는 요금의 10%를 계산서에 포함시켜 청구하고 있으며, 공식적으로는 봉사료 지불 문화가 없으므로 외국여행시 종종 당황하게 되는 경우가 발생하기도 하며 본의 아니게 짠돌이 같은 인상을

주기도 한다. 미국에서는 종업원이 월급 없이 봉사료 수입에 의존하는 경우가 많으므로 봉사료를 지불하는 것은 필수사항이라 할 수 있다. 따라서 올바른 봉사료 지불 매너를 습득할 필요가 없다.

서비스에 대한 봉사료는 너무 많지도 너무 적지도 않아야 하며, 적당한 액수는 상황이나 지역에 따라 차이는 있지만 대략 $1～2, 또는 계산서 총액의 10～15% 정도면 알맞다. 그리고 무엇보다도 지불할 때는 지나치게 드러내고 주지 않는 배려도 필요하다. 과시하듯 주는 것은 졸부와 같은 태도이며, 과시하는 듯한 인상을 풍기므로 좋지 않다.

봉사료를 지불할 때는 돈이 보이지 않게 손바닥을 아래로 해서 건네는 데, 예를 들면 도어맨에게는 자동차 열쇠를 주고 받으면서, 웨이터에게는 식사 후 악수를 청하면서 팁을 건네는 것이 좋은 방법이다.

일반적으로 사교의 자리에서는 남성과 여성이 있을 경우 남성이 봉사료를 지불 하는 것이 관례이며, 카드 결제를 하더라도 봉사료는 현금으로 주는 것이 좋다. 부득이하게 현금을 소지하지 않았을 경우에는 계산서 밑에 식사비용의 몇%를 웨이터에게 준다는 메시지를 적어두기도 한다. 요금에 봉사료가 포함이 되어 있거나 셀프 서비스인 경우에는 따로 봉사료를 줄 필요가 없다.

[7] 선 물

① 선물할 때

- 상대방 문화에 익숙하지 않으면 그 문화를 잘 알고 있는 사람에게 물어본다.
- 들고 다니기 간편한 크기
- 상대방의 직업과 관계있는 것을 선물로 주면 좋다
- 고객이 외국인일 경우 효과적인 선물은? 한국의 정서가 담긴 토산품
  - 미국인 : 한국의 전통적인 공예품, 민예품
  - 일본인 : 한국음식 받는 것을 굉장히 좋아한다.
    (김, 해산물, 인삼, 인삼차, 유자차)
  - 중국인 : 한국기념품, 어린이 선물, 양담배, 우표
    (여성) 화장품, 스타킹 (중국에선 고가)
    포장지는? 빨간색

• 금해야할 품목?

미국	백합(부활절제외)은 죽음을 의미한다.
일본	· 선물할 때 흰색, 밝은 색깔의 종이로 포장하지 않는다. 또한 나비 모양으로 끈을 묶지 않는다. · 흰 꽃(사망상징)이나 칼(자살상징)은 선물하지 않는다. · 화분을 선물하면 병이 깊어진다는 미신이 있다. · "4"와 관련된 모든 선물은 피한다. · 일본인에게 여우를 묘사한 선물은 '풍부함'을 의미하며 오소리를 묘사한 선물은 '교활함'을 의미한다.
독일	· 선물을 포장할 때 흰색, 검정색, 갈색의 포장지와 리본을 사용하지 않는다. · 꽃은 포장하지 않고 주며, 빨간 장미는 연인사이에만, 꽃은 짝수로 선물하지 않는다.
프랑스	· 향수, 빨간 장미는 연인사이에만 카네이션도 선물하지 않는다. (장례식에많이 사용되는 불길한 꽃으로 생각)
중국	· 짚신, 손수건,4를 상징, 시계는 장송의 뜻, 괘종시계를 선물하지 않는다.(장례식이란 의미 내포) · 죽음을 의미하는 국화와 색깔로는 황색, 백색의 꽃을 금기 · 복된 새해를 기원, 구정 때 봉투에 돈을 넣어 주는데 금액은 반드시 짝수이어야 한다. · 가위, 칼, 절단 도구 (우정, 유대를 단절한다는 의미)
멕시코, 브라질	· 자줏빛(자주색, 보라색)꽃은 죽음을 의미한다.
라틴아메리카	· 칼은 인간관계를 단절시킴을 의미한다.
중동	· 손수건은 눈물, 이별을 의미 · 몸을 일부라도 노출시킨 여인의 사진, 애완동물 사진(누드화, 애완동물)은격이 낮다고 인식
홍콩	· 한 가지보다 두 가지 선물을 한다. (행운을 가져온다고 믿기 때문이다.)
유럽	· 흰 국화는 사망을 상징 · 유럽에서 짝수의 꽃은 불행을 가져온다고 생각하므로 홀수로 하되 13송이는 피한다.
말레이시아	· 탁상시계를 선물하지 않는다.

② 선물을 받을 때

- 회사규정상 선물 받는 것을 금하거나 일정금액이 넘는 선물을 금할 경우 이유를 설명하고 정중히 거절
- 선물을 받은 즉시 포장을 푼다. (그냥 가져오면 큰 실례)
- 외국에서 보내주신 선물
  - 선물에 대한 감사의 표시로 회사명이 새겨진 용지를 이용하여 감사 편지를 보내도록 한다.

3. 이문화(異文化)의 이해

[1] 이문화 의사소통의 개념

이문화 의사소통이란 서로 다른 문화권에 사는 사람들의 문화, 행동, 말의 표현 등을 이해하는 것으로, 서로 상이한 문화간의 의사소통 또는 문화간 상호교류를 하는 의사소통을 말한다. 국가간의 의사소통은 국가간의 의사소통을 뜻하는데 비해, 이문화간 의사소통이란 문화배경을 달리하는 개인간에 발생하는 의사소통을 의미하며, 이 용어는 많은 인종, 민족으로 구성된 미국사회에서 처음으로 생겨났다.

이러한 개념은 1960년 들어 전문가들에 의해 연구가 시작되었는데, 그 이전에는 미국이 백인문화 중심이었기 때문에 이민족간 관계설정의 필요성이 그리 중요하지 못했다. 그러나 과학 기술의 발달로 시간과 공간이 단축되어 세계는 하나의 생활권으로 축소되었으며, 다른 나라 사람들과의 왕래 또한 급격히 늘어나 우리는 이제 이른바 국제화시대에 살게 되어 이문화간 의사소통은 매우 중요한 과제가 되고 있다.

[2] 이문화 의사소통과 국제 매너

의사소통은 언어적 요소와 비언어적 요소로 나누어지는데 상대방에게 의사를 전달할 때의 언어는 필요조건이지만 충분조건은 될 수 없다. 필요충분조건을 갖추기 위해서는 언어와 행동이나 사고방식 등과 같은 비언어적 요소가 겸비되어

야 한다. 의사소통의 65～70%가 이러한 비언어적 요소에 의해 의존한다고 한다. 이것은 인간관계에서 언어 이외의 요소가 얼마나 중요한가를 보여주는 좋은 예라 할 수 있다.

그런데 이문화간 의사소통에 있어 말하는 사람과 듣는 사람간에 각자 문화적 배경의 차이에 따라 비언어가 주는 메시지 전달에 틈이 발생할 수 있으며, 이는 국제 매너라는 측면에서 볼 때 매우 중요한 결과를 갖게 된다.

예를 들면, 한국인들은 귀한 손님이 자기 회사를 방문할 때 마중나온 사람이 승용차에서 내리는 손님의 가방을 얼른 받아 들어 예의를 갖춘다. 이에 비해, 미국에서는 자기 가방은 자신이 들어야 하며, 누구도 손을 대어서는 안 되는 것이 습관화되어 한국인들의 위와같은 행동은 한국문화에 접해보지 못한 미국인들에게 당황스럼 메시지를 전달하게 되면, 궁극적으로 좋은 인상을 남기기가 어렵게 된다.

따라서 국제 매너는 이와 같은 이문화 의사소통의 마찰 소지를 예방하고 보다 적극적으로 대응한다는 차원에서 매우 중요하며, 이문화 의사소통의 시작이라 할 수 있다.

[3] 문화충격과 이문화 적응방식

문화충격이란 자신의 문화의식으로는 당연하고 정당하다고 여겨지는 것이 다른 문화권에서는 금기시되거나 정반대로 받아들여져서 심리적 부적응 상태가 나타나는 현상을 말한다. 즉, 서로 다른 문화에서 성장한 두 사람이 만나게 될 때 각자 무의식적으로 자신의 방식대로 상대를 대하게 되어 서로 불일치나 위화감이 일어나게 되는데, 문화충격이란 이와 같은 불일치나 위화감 그 자체라기보다는 그 결과로써 일어나게 되는 심리적 부적응 상태라 볼 수 있다.

미국 궁방성의 통계에 의하면 해외근무를 하는 미국인들 중 약 5%는 약물, 또는 알코올 중독에 빠지거나 자살을 한다고 한다. 우리나라 사람들 역시 해외근무, 이민생활, 국제비즈니스 등에서 스트레스나 문화충격으로 많은 어려움을 겪고 있다. 그렇다면 이러한 문화충격에 대한 예방과 대책을 없는것일까?

먼저 다른 문화에 대한 이해와 수용의 중요성을 인식하고 가능한 한 체험을 늘려야 한다. 이와 더불어 해외생활에 대한 지나친 동경이나 외국인에 대한 경외감 등을 버리고 평등한 대인관계의 선상에서 접근하는 본인의 자세가 필요하다. 기업의 경우에는 해외 근무자들을 위해 장기여행이나 단기 체류를 통해 단계적 적응 능력을 심어주고, 출발 전에 문화 지식을 넓혀주는 방안이 필요하다.

[4] 국가별 금기사항

나라	금기사항
라틴아메리카	· 상담은 바로 시작하지 않는다.
브라질	· OK라는 제스처를 취하지 않는다
하와이	· 화장실 사용시 출입구 밖에서 기다려야 한다. (문 앞 또는 바로 뒤에서 기다리는 것은 새치기로 인식)
사우디아라비아	· 라마단 기간(이슬람력 9月)중 흡연하면 처벌 받는다.
일본, 대만	· 등뒤에서 손뼉을 치지 않는다. · 일본인은 그릇에 담긴 음식 모양을 중시한다. · 시간엄수, 대화시 똑바로 눈을 응시하는 것은 큰 실례이며 '한번 고려해 보겠다.'는 거절의 뜻
영국	· "고향이 어디 십니까? ", "생계를 위하여 무엇을 하십니까?" 라고 묻지 않는다. (미국인보다 직설적, 더욱 냉정하다.) · 영국이나 캐나다에서는 냅킨은 기저귀를 의미하므로 서비에트 (Serviettes)라고 해야 한다..
러시아(모스크바)	· 레스토랑에서는 수주일, 수개월 전에 예약해야 하며 특히 시간과 금전 약속을 못 지키면 신용의 상실된다.
미국	· 시간에 엄격, 대화중 고객의 눈을 똑바로 응시 · 월급이나 재산을 묻는 것은 금기 사항 · 미국인은 고기를 썰 때만 왼손에 포크를 쥐고, 먹을 때는 오른손에 포크를 옮겨 쥔다. · 점심을 간단히 하고 저녁을 풍성하게 먹는다. · '앙트레'는 미국에서는 메인 코스에, 유럽에서는 스타팅 코스에 포함 칵테일 아워는 미국에만 있다. (식사전, 약1시간동안 술을 즐긴다.) · 미국에서는 말고기를 먹지 않는다.
영국	· 티타임이 있는데, Afternoon Tea란 저녁때 작은 샌드위치나 과자류를 차와 함께 먹는 것을 말하고 High Tea란 계란이나 훈제고기를 곁들인 것이다.
유럽	· 왼손에 포크를 잡고 음식을 먹는다.
핀란드	· 조미료 병을 손으로 직접 건네지 않고 옆으로 밀어 준다.

나라	금기사항
프랑스	· 아침식사 시간에는 상담을 즐기지 않는다. · 개인적인 질문으로 대화를 시작하지 마라. · 프랑스에서는 애완견을 식당에 데리고 들어가도 무방하다.
이탈리아, 프랑스	· 샐러드를 식후에 먹는다.
독일	· 아침식사시 꿀을 즐기는 민족이다.
인도, 이슬람	· 돼지고기를 절대 먹지 않는다. · 인도인은 NO라고 말하는 것을 무척 싫어한다.
인도, 방글라데시	· 채식을 즐긴다.
멕시코	· 점심식사를 대개 13~16시 사이에 한다.
중국	· 시간 준수 (지각 또는 약속취소는 매우 무례한 행동이다 첫 인사의 경우 목례가 가장 일반적, 악수 통용되나 초면일 경우 신체적 접촉을 매우 꺼리므로 상대방 쪽에서 먼저 악수를 청해 오기 전에는 손을 내밀지 않는다.

- 미국에서는 식사를 하지 않을 때는 손을 무릎 위에 올려놓는다.
- 독일에서는 식사를 하지 않을 때라도 손을 무릎에 놓는 것은 결례다.
- 세계 대부분의 나라에서는 점심 식사를 가장 풍성하게 한다.
- 서구사회에서는 예약문화를 못 지키면 생활 자체가 불가능하다. (예약이 최우선)
- 서구예절의 기본은 레이디 퍼스트(Lady First)관념에 바탕을 두고 있다.
- 시간엄수

[5] 국가별 문화의 특징

(1) 미 국

미국은 현재 세계 최대의 무역국이며 군사 대국이다, 대통령 중심의 연방공화국이며 각각의 연방인 주는 고유영토와 주권을 행사 할 수 있다. 대통령은 국가원수인 동시에 정부의 수반이며 육, 해, 공군의 통수권자이다. 세계 3위의 인구대국이면서 인종전시장으로 불릴 만큼 세계 제일의 다민족 국가이다

대부분이 유럽계 백인으로 약 80%, 흑인이 약 12%정도이고 나머지는 아시아계, 스페인계 인디언 등이 차지하고 있다. 정치는 종교와 분리되어 있으며, 미국

인의 3/4이 종교를 가지고 있다. 대부분이 기독교이며, 유대교와 이슬람교 등 등..... 영어가 공통어이다. 미국인들은 기본적으로 자국 중심적인 사고가 강하다. 미국인 대다수는 미국이 정치, 경제적 강국임을 내세워 미국식 해결 방법만이 옳다는 자국 중심적 사고방식을 버리지 못한다. 따라서 타문화에 대해 상당히 배타적 성향을 지니며 그 다양성을 존중하려 하지 않는다. 타문화에서 중시되는 체면치레, 친간적인 친밀감, 겉치레 등의 개념이 없다.

미국인은 무엇보다 시간 관념이 엄격하다. (Time is Money) 시간이 돈이라는 개념이 확고해 일반적으로 승산 있는 사안은 지체 없이 다수결원칙을 적용시키며 완전한 합의를 도출하기 위해 시간을 허비하지 않는다. 미국의 영업사원들은 잠재고객과 사업상 첫 만남에도 최종계약서를 서슴없이 제시한다.

미국인은 상대방을 항상 편하게 대한다. 그래서 응대하기가 어렵지 않지만 미국인을 서비스 할 때는 품위 있게 응대하여야 한다. 보통 목례를 동반한 웃음이나 가볍게 손을 흔드는 것이 일반적인 인사이며 비즈니스 시에는 악수가 일반적인 인사이다. 이때 악수는 확실하게 하도록 한다. 가벼운 악수는 약한 유대감의 간접 표시이다. 존경을 보이기 위해서는 사회적인 직책에 성을 붙여 호칭하는 것이 보통이다.

대화 중에는 “great” “excellent” 등의 찬사의 말을 자주 사용하도록 한다. 이러한 찬사는 대화를 시작하는 열쇠가 되며 특히 상대방의 옷차림 일에 대한 칭찬을 하는 것으로 대화를 시작한다. 미국인에게는 결혼여부나 월급, 종교 등 개인 신상에 관한 질문이나 논쟁거리가 될만한 주제에 관해서는 언급을 피하는 것이 좋다. 미국인들은 일반적으로 부적당하다고 생각되는 것을 외국인이 요구할 때 NO라고 직접거절을 하지는 못한다. 이는 외국인에 대한 1차적인 배려라고 생각한다.

미국적 사고방식, 남녀 평등하다고 본다. 성별, 나이, 사회적 지위의 차이에 따른 차별을 안 한다는 것은 말할 필요도 없다. 개인주의(미국에서 가장 많이 사용되는 단어는 I (My)이다. 각 개인은 가정에서나 직장에서 종속된 관계가 아니고 동등 또는 수평적 존재로 인정된다.

세계 어느 나라 사람이나 다 동일하겠지만 미국인들만큼이나 구속을 싫어할 국민이 없다. “자유가 아니면 죽음을 달라“(Give me liberty or give death)는 Patrick Henry의 절규는 자유와 독립을 위한 이들의 비장한 결의를 대변하고 있다.

(2) 일 본

일본은 입헌 군주제 하의 의회 민주주의 국가이다. 천황이 상징적 국가 원수이며 실질적인 권한은 정부의 수반인 총리에게 있다. 일본은 공식적인 국교는 없으나 신도라는 고유의 종교를 가지고 있다. 불교도 신도와 버금가는 영향력을 가지며 기독교는 단 1%에 불과 하다. 언어는 일본어가 공통어 (젊은층에서는 간단한 영어도 통한다.) 시간을 정확하게 준수해야 한다.

인사를 할 때는 보통 목례가 일반적이며 악수도 흔히 통용된다. 명함은 악수를 한 후 두 손으로 건네며 받은 명함은 조심스럽게 한번 읽어본 후 명함지갑에 넣는다. 일본인은 일벌레라고 한다. (네 명중 1명이 과로사의 불안을 느끼고 있고 과로사로 죽더라도 일을 계속 하는 것이 훌륭하다고 응답한 사람이 80%나 된다.) 명예가 최고의 목표이며 자신이 속하고 있는 세계, 집단으로부터의 존경이 가장 중요하다. 일에 몰두하는 근면함과 고지식함이 있고, 조심스럽고 사양하는 듯한 태도를 취하는 사람을 높이 평가한다.

기록을 중시, 기록하는 것이 습관화되어 있다. (몇 년전 일본항공의 동경, 오사카간 국내선 여객기 추락사고에서 사망자의 호주머니에서 발견된 메모는 사고 순간 가족들에게 휘갈겨 쓴 유서로써) 일본의 스모경기는 단판 승부이다, 따라서 단판에 승부를 내기 위해서는 최선의 기량과 최대의 힘을 결집해야 한다. 칼이 지배하는 사무라이 세계에서는 단 한번의 실수는 곧 죽음이다. 기회가 한번 밖에 없는 스모와 사무라이 정신은 늘 그 순간에 최선을 다하지 않으면 안 된다는 마음가짐이 중요하다는 사고방식이 존중되고 있다.

신용을 중시하는 것은 인간관계에서 더욱더 강하게 작용한다. 일본인의 특징 중 우리와 가장 다른 것이 있다면 자신의 속마음과 감정을 들어 내지 않는 것을 미덕으로 여기고 개인적으로 슬픈 일이 있더라도 웃는 얼굴로 대하는 것을 당연시한다. 말을 할 때에도 직설 화법을 피하고 남의 기분이 상하지 않도록 주의하면서 듣기 좋은 말만을 골라서 하는 경향이 있다. 대화시 인내심을 가지고 남의 의견을 끝까지 들으며 의견이 다소 좀 다르더라도 의견에 반박하거나 틀린 곳을 지적하지 않고 이미 아는 것이라도 처음 인양 "소우데스까?"를 반복하는 것이 습관화되어 있으므로 반드시 상대의 말에 수긍의 의미로 맞장구를 쳐야한다.

일본인들은 아주 사소한 일에도" 감사합니다.", "미안합니다."를 입버릇처럼 한다. 이 말은 실제 그렇게 생각한 다기보다는 형식적인 뜻으로 받아들이는 것이 좋다. 일본인은 장기적이고 지속적인 관찰을 통해 상대를 이해하는 관습이 있다. 그 자리에서 결론이 나지 않는 경우가 많음으로 항상 여유를 두어야 한다.

첫 번째 만남에서 확실한 동의를 얻기 힘들며, 계약했다고 해서 최종적인 결론이 난 것은 아니다. 계약 후라도 얼마든지 쌍방 간의 재협상이 가능하다. 일본에서의 비즈니스 관습에 명함이 빠져서는 안 된다. 첫 대면 인사는 명함교환부터 시작된다. 일본인이 절을 하면 이를 잘 보고 일본인이 했던 만큼의 각도로 맞절을 해야 한다. 가급적 대화시 자기 자랑은 피한다. 안심해도 됩니까?, 선한 겁니까?, 진짜입니까? 일본인에게 큰 실례가 될 수 있다.

칭찬을 직접 본인 앞에서 하는 것보다는 제 3자를 통해 본인의 귀에 들어가게 하는 것이 칭찬의 효과가 배가 다는 3차원적인 방법이다. 합리적인 사고(노인이 앞에 서 있는데도 태연히 앉아 있는 젊은이)가 일본인의 사고방식으로 볼 때 당연하다. 또 한 지하철이나 버스에서 앞의 사람이 무거운 짐을 들고 서있어도 앉아 있는 사람이 그 짐을 받아 주는 일은 거의 없다. 그것은 자기의 소지품에 남의 손이 닿는 것을 싫어하는 일본인들의 습성에서 기인한다.

(3) 중 국

지구상에서 가장 큰 나라이며 중국의 정식 명칭은 중화 인민 공화국이며 공산국가이다. 전국 인민 대표자 회의는 입법부로 헌법상의 국가 최고 권력기관이며 상무위원회가전인대의 상설기관으로 각종 기능과 권한을 행사하고 있다.

공식적인 표준어는 북경어 이며, 총인구의 70%가 북경어를 사용하고 있어 어디서나 의사소통이 가능하다. 인구는 약 12억이며 세계인구의 1/5에 해당하는 세계최고이다. 시간을 정확히 준수해야 한다. 특히 지각이나 약속 취소는 매우 무례한 행동이며, 첫인사의 경우 목례가 가장 일반적, 허리를 약간 굽힌다. 악수도 흔히 통용, 명함을 교환하는 것을 좋아하므로 충분한 양을 준비 ,한쪽은 영어, 다른 한쪽은 가능하면 중국어, 금색 글씨로 인쇄하는 것이 좋다.(황금색이 위상과 번영을 나타냄)

중국인들은 직책이나 직함에 매우 민감하다 중국 고객을 부를 때 공식적인 직책을 부르는 것이 예의이다. 중국인은 결과를 보고 판단(유능한 대학생이 70 노인을 구해내고 죽은 사건에 대해 앞으로 국가에 공헌할 젊은이가 효용가치가 없는 노인을 살려낼 필요가 있는가하고 논쟁을 벌이는 중국인) 실질주의(공개처

형시 소요되는 총알 경비도 사형수 가족 혹은 본인부담으로 필요 없는 사형수를 위해 국가 예산을 낭비할 수 없다는 현실적인 중국인들이다.)

외적인 환경, 외모를 우리보다 덜 중시, 고위급 회담시 점퍼 차림의 고위급 관리를 종종 TV에서 목격할 수가 있다. 모택동의 여성이 사회의 반을 감당한다는 말처럼 남녀평등, 거의 대부분의 여자가 직업이 있다. 외관상 평등해 보이나 일부 고의 간부의 친인척들, 그들과의 관계를 이용해 갖가지 정보를 독점하거나 이용에 치부하고 법을 위반시 백(Back)이 있으면 무죄, 백 (Back)이 없으면 신문 한 장을 훔쳐도 10년 감옥살이도 할 수 있는 나라, 인산인해를 이루는 기차역에 공산당 간부 및 일부 상류층을 위한 고급 대합실 등을 보면 중국은 결코 평등사회만은 아니다.

법의식은 중국의 특유의 나 하나만 괜찮으면 된다라는 이기주의와도 결부되어 있다. 예를 들어 시장에서 저울 속이는 상인, 가짜돈, 가짜약, 골동품 등의 …

인내력이 대단한 민족이다. 중국인은 사귀기가 힘들지만 일단 사귀고 나면 자기 간까지도 빼준다. 체면중시(부화 직원 책망시 필히 개인적으로 불러서, 중국인과 상담시 상대방의 면목을 세워주면 상당히 쉽게 해결 될 수 있다.)

중국인은 의심이 많다, 남의 말을 좀처럼 믿지 않지만 대신 거래에서 신용을 중시하고 일단 신뢰 관계가 형성된 후 쉽게 그 관계를 끊지 않는 특성이다. 같은 사람이 정기적으로 접촉, 친숙함을 형성하는 것이 중요겸손을 미덕으로 여긴다.

자신의 능력을 과시 말라. 아마, 확답할 수 없다. 고려해 보겠다, 기다려 보자는 말은 통상 No를 의미한다. 중국인은 하루도 차 없이는 못사는 민족이다. 어느 장소에 가더라도 찻잎만 있으면 언제든지 차를 마실 수 있는 끓는 물이 준비되어 있다. 식사시, 회의시, 생활 깊숙이 파고들어 우리들이 물 마시는 것과 동일하다.

중국인에겐 한 수 가르쳐 준다는 식의 충고, 조언은 금물이다. 독촉을 하며 답변을 요구하지 말 것 중국인들은 선물을 받기 전에 3번 정도 거절을 한다. 그러나 계속 권유하라. 상대가 선물을 받으면 이에 대한 감사를 표하라. 그러나 다른 사람이 있는 데서 선물은 금물이다. 잊어버리지 않는 이상 음식은 차례대로 나오니 독촉하지 말 것. 취중이라도 상대의 자존심을 상하게 하는 이야기는 금물(주량을 넘기고 실수하는 중국인은 절대 없음)

(4) 호 주

인구의 95%가 영어 사용, 인구의 76%가 기독교인, 인구의 85%가 도시 생활을 한다. 시간 개념 철저하고 격식을 싫어한다. 인사는 악수로 대신, 여성들 사이에서는 가볍게 빰을 맞대는 것으로 악수를 대신하기도 한다.

대화 중에 과도한 제스츄어 사용은 피하고 미국에서 흔히 쓰이는 엄지손가락을 세우는 표현이나 OK싸인 등은 무례한 것으로 간주, 남성이 여성에게 윙크하는 것은 친한 사이에도 적당하지 않다. 가장 좋은 대화는 스포츠와 관광분야이며, 대부분의 사람이 가정생활에 그 가치를 최우선하며 취미 생활도 가정생활과 연관되는 경우가 많다.

호주인들은 명함을 가지고 다니지 않으므로 명함을 받지 못한다 해도 당황하지 마라. 상담을 시작하기 전 간단한 대화로 시간을 보내야 한다. 이것은 친밀감을 형성하며 호주인에게는 매우 중요하다.

(5) 캐나다

영어와 프랑스어가 공용어이다. 종교는 로마 가톨릭과 기독교가 전통적으로 균형을 이루고 있으며 최근에는 홍콩 등 아시아계 이민자들이 늘고 있다. 첫인사를 할 때는 보통 목례를 동반한 웃음이나 가볍게 손을 흔드는 인사, 프랑스계 캐나다 인들은 빰을 가볍게 맞대거나 키스를 하기도 한다. 보통 동성끼리는 신체적 접촉을 피한다. 우리가 흔히 하기 쉬운 실수의 하나로 동양인 특유의 경직된 표정으로 바이어를 대하였을 때 "무슨 화나는 일이 있는가? 질문을 받기 십상이다. 비즈니스 대화에 있어서 Yes, No가 최상의 답이라고 본다. (단도직입적)

(6) 이집트

아랍어는 오른쪽에서 왼쪽으로 쓰고 읽는다. 책의 처음 시작 또한 우리와는 반대로 오른쪽에서 왼쪽으로 페이지가 시작, 영어로 쓰인 서류도 마찬가지이므로 실수 주의해야 한다. 인구의 약 90%가 수니파 이슬람교도이다.

시간준수는 미덕이 아니므로 항상 늦거나 약속을 어기는 경우가 많다. 금요일은 이슬람의 안식일, 이날은 모두 일을 하지 않을뿐더러 대부분의 이집트인들은 목요일부터 쉬는 경우가 많다. 이슬람 국가들은 음주와 돼지고기를 절대 피한다. 접시 위의 음식을 다 먹는 것은 미덕이 아니며, 특히 이집트인이 대접한 음식에 소금을 치는 것은 큰 모욕이라고 한다.

첫인사의 방법은 여러 가지이므로 상대방의 인사를 기다렸다 그대로 따라하는 것이 좋다. 아랍 이름은 매우 어렵기 때문에 이름과 성을 영어로 써서 어떻게 읽는지 알려 달라고 하는 방법이 가장 좋으며 이름과 성의 순서는 미국식과 같다. 물건을 주고받을 시 꼭 오른손 사용한다.

(7) 영 국

영어가 공용어이다. 미국인보다 더욱 직설적이며 냉정, 만약 우리가 제의 한 것에 반응이 냉담하더라도 당황하거나 감정이 상하지 않도록 해야 한다. 악수가 가장 보편적이며, 여성은 악수를 하지 않는다. 종교나 영국왕실에 대한농담 등은 절대 금물이며, 대화 중 직책, 직함을 부르지 않도록 주의해야 한다.

(8) 프랑스

언어는 불어가 공용어, 영국식 영어 구사이므로 헷갈리지 않도록 주의해야 한다. 국민의 90% 이상이 가톨릭 신자이다. 뺨을 비비며 인사를 주로 악수를 한다. 식전, 식사 중에 도수가 높은 술을 마시거나 담배 피는 행위는 매우 무례한 것으로 간주하며, 자신이 소개받았을 시 손을 살짝 드는 것이 보통의 인사법이고 악수도 일반적이다. (가까운 사이 포옹, 키스) 대화 중 직책, 직함을 부르는 것이 예의. 소녀를 제외한 모든 여성에게 Madam의 호칭을 붙인다. 일반 식당에서 식사시 물은 따로 계산되므로 주의해야 한다.

자기의 합리에 동조해 주는 것을 가장 큰 기쁨으로 생각, 자랑과 주장을 듣고 찬사를 보내 주는 것도 친해지기 쉬운 좋은 방법 중의 하나이다. 프랑스인의 고조된 목소리, 흥분된 제스처는 주제에 대한 흥미가 있다는 뜻이다. (화내는 것으로 오해 마라.)

(9) 독 일

독일어가 공식적인 언어이다. 독일인과의 약속시간에 2분내지 3분 정도 늦는 것은 큰 모욕으로 간주한다. 금요일 오후에는 약속을 하지 않는다. 주말의 여가시간을 매우 중요하게 생각하기 때문이다. 독일인의 생활은 사전준비와 준수로 이루어진다. (메모 ,예약, 철저함, 정확함) 자신의 잘못을 쉽게 인정하려 들지 않는다. 식후 담배 피울 땐 항상 주위 사람에게 권한다.

악수가 가장 일반적인 첫인사 방법, 여러 사람에게 소개받았을 시 돌아가면서 악수를 나눈다. 한사람이라도 건너뛰지 않도록 주의해야 한다. 독일인의 이름순서는 미국과 같으며 호칭에는 직함이나 직책을 붙이는 것이 매우 중요하다.

(10) 인 도

공식어는 영어와 힌두어이다. 구두로 약속한 것은 지켜지기 어려우므로 금전이 개입되어 있는 일은 정식 계약서가 아니라도 수첩 같은 곳에 간단하게 내용을 요약, 서명을 받아 두는 것이 좋다. 인도인들은 어느 정도 시간을 준수하는 편이지만 항상 그렇지만은 않다. 또한 "시간은 돈이다"라는 말이 통용되지 않으므로 항상 여유를 가지고 대해야 한다.

힌두인들은 쇠고기를 이슬람 인들은 돼지고기를 절대 먹지 않는다. 인도인은 오른손으로만 식사를 한다. (왼손은 화장실에서 쓰기 때문에 불결한 취급을 받기 때문), 단 왼손으로 접시를 나르는 것은 무방하다. 절대 자기 접시에 있는 음식을 다른 사람의 접시에 덜지 않는다. 이는 매우 무례한 행동으로 취급받는다. 부부사이에서도 꼭 지켜야 한다.

대부분의 인도 사람은 힌두교도이다. 공공장소에서 절대 이성간에 신체 접촉을 하지 않는다. 데이트는 깊은 관계나 혼약을 의미하는 것으로 받아 드린다. 힌 두인들은 성이 없다. 대신에 이름의 처음에 아버지의 이름을 붙인다. 호칭을 할 때 직함, 직책을 붙여 호칭하는 것이 매우 중요하다.

허풍이 심하고 말을 매우 잘하며 잘못을 저지른 경우 미안하다(Sorry)고 하는 경우는 극히 드물다. 안 되는 일도 NO라고 하지 않는다. 머리는 영혼이 머무는 장소라 하여 절대 머리를 만지거나 어린이 고객의 머리를 쓰다듬지 않는다. 인도에서 고개를 가로젓는 것은 "아니요"의 뜻이 아니라 "예"라는 긍정의 표시이다. 고개를 아래위로 끄덕이는 것은 부정의 표시이다. 남이 어려운 일에 처하면 못 본 체 하지 않고 도우려 하나 지나쳐 성가신 경우도 있다.

(11) 이스라엘

공용어는 아랍어, 이스라엘어, 영어 불어 등 널리 쓰이고 있다. 이스라엘인들에게 시간 준수는 전통적 미덕이 아니며 ,유대인의 안식일은 금요일 해진 후부터 토요일 해질 때까지이다.

유대교 율법이 매우 엄격하기 때문에 유대인들은 돼지고기를 절대 먹지 않는다. 식사시 접시 위의 음식을 다 먹지 않는다. 이스라엘인이 먼저 인사할 때를 기다렸다가 같은 방식으로 인사하는 것이 가장 좋다. 정통적인 아랍식 인사법은 오른손을 잡고 왼손을 상대의 오른 어깨에 올려놓고 양뺨에 가벼운 키스를 나누는 것, 동성간엔 이러한 인사를 나누며 이성간엔 공공장소에서 이러한 인사를 하지 않는다.

(12) 이탈리아

공용어는 이탈리아어이다. 이탈리아인들은 여름휴가를 매우 중요하게 생각하기 때문에 8월에는 거의 모든 회사가 휴무이다 이탈리아인들은 간 혹 당치도 않은 요구를 하기도 하지만 침착하게 응대하면 좋은 결과를 얻을 수 있다.

식사시 두 손을 모두 식탁 위에 올려놓고 식사, 치즈 먹을 때는 손이 아닌 나이프 사용한다. 포도와 체리를 제외한 과일은 절대 손으로 집어먹지 않는다. 포도주를 매우 조금씩 음미하면서 먹는 것을 예의로 여긴다.

손님을 가장 먼저 소개, 자신이 소개받았을 시 손을 살짝 드는 것이 보통의 인사법이며 악수 또한 일반적이다. 가장 연장자나 상급자가 소개되었을 시 경의를 표하는 것을 잊지 않는다. 가까운 사이엔 가벼운 포옹, 등을 토닥인다. 이탈리아 문화나 예술, 음식, 축구에 관한 얘기를 좋아한다. 전쟁에 관한 얘기는 금물이다.

(13) 러시아

러시아는 세계에서 가장 영토가 넓은 나라이다. 종교의 자유가 허락돼 그리스 종교, 기독교 등이 빠르게 전파되고 있다. 보통 약속 시간보다 1~2시간 정도 늦는다. 식사 중에 간 혹 여성에게 춤을 청하고 춤추는 것을 좋아한다. 공식적 장소에선 악수를 친한 사이에는 포옹, 가벼운 키스를 나눈다. OK사인이나 엄지 손가락을 올리는 행위는 매우 무례한 것으로 간주한다.

(14) 사우디아라비아

사우디아라비아는 이슬람 국가로 사우디 국민들은 모두 이슬람교도이며 종교를 바꾸는 것을 금한다. 사우디아라비아인에게 시간 준수는 전통적으로 미덕이 아니다. 이슬람 교인들은 음력을 쓰며 1달이 28일, 1년이 12달, 354일 이다.

이슬람국가는 음주와 돼지고기를 절대 금지한다. 음식은 오른손으로 먹는다. 악수를 많이 한다. 전통적인 아랍 남성들은 자신의 부인이 옆에 있어도 마치 없는 것처럼 행동하는데 이런 경우 당황하지 않아야 한다.

(15) 태 국

시간엄수가 필수이다. 태국에서는 여러 사람이 뷔페식으로 먹을 때 접시에 남은 마지막 조각을 먹는 것을 영광으로 여긴다. 전통적인 인사법은 가슴에 합장하듯이 두 손을 모으고 코밑에 대고 허리를 약간 앞으로 굽히며 인사말을 한다. 여자의 경우 "Sawadee Kha", 남자의 경우 "Sawadee Khrap"이라 말하며, 헤어질 때도 마찬가지 이다. 악수는 일반적인 인사법이다.

태국인 승려와 인사할 경우 절대 그를 만지면 안 된다. 호칭에는 직책, 직함을 부르는 것이 매우 중요하며, 상대방과의 대면 시 발바닥이 보이지 않도록 주의하고 물건을 지시할 경우에 발을 사용하거나 상대방의 머리를 때리거나 만지는 행위는 절대 금물이다. 태국인의 의식 구조상 발은 더럽고 낮은 부위라는 생각, 머리는 신성하며 높은 부위로 영혼이 머무는 곳으로 인식을 갖고 있기 때문이다.

이름이 매우 길다. 어떻게 부르는 것이 좋은지 직접 물어 보는 것이 가장 좋은 방법이다. 또한 태국인 자신들도 태국어가 쉽지 않다고 보기 때문에 태국어를 구사하는 외국인에게는 특별히 관심을 보여 주고 협조적이다.

(16) 싱가포르

공용어만 영어, 중국어 말레이어, 타밀어의 4가지, 영어 사용이 늘고 있다. 싱가포르는 도시 미관을 해치는 행위에 대해 외국인에게까지 엄격히 법률을 적용한다. 금연이 대부분, 실외 휴식공간을 이용, 용변 후 물을 내리지 않는 것, 무단횡단, 공공장소에서 침을 뱉거나 쓰레기를 길거리에 버릴 경우모두 벌금, 모든 도박은 불법으로 간주한다.

유순한 편이며, 중국계의 경우 금전관계에 있어 철저히 한다. 내일을 위하여 오늘 밤새워 일하는 것은 찾아보기 어렵지만, 성실하고 나름대로 자기발전에 힘

쓴다. 약속시간에 늦는 것을 모욕적이고 무례한 것으로 여긴다. 싱가포르인은 개인적인 신분관계 및 따뜻한 마음을 높이 평가한다.

인사시 악수를 하며 고개를 숙인다. 싱가포르는 아시아에서 부정부패가 없는 나라로써의 자부심을 가지고 있다. 따라서 뇌물에 대해 엄격히 규제, 공무원들은 절대로 선물을 받지 않는다.

[6] 국제 비즈니스상 피해야 할 것

① 맞이하는 고객의 본국 음식이 대접하는데 가장 좋은 것이라고 생각하지 말아야 된다.

② 미국인은 지나치게 개인적이고
일본인은 지나치게 간사하고
중국인은 지나치게 신뢰성이 부족하고
독일인은 지나치게 이성적이고
프랑스인은 지나치게 낭만적이고
이탈리아인은 지나치게 과시적이고
동양인은 수수께끼처럼 불가사의 하다고 생각해서는 안 된다.

③ 우리는 외국인에게는 넘치도록 친절하면서 우리나라 사람끼리는 불친절 하다는 말을 아직도 종종 듣고 있다. 매너는 이러한 편견을 버리고 누구에게나 만나는 사람으로 하여금 실례를 범하지 않고 인간 존중을 바탕으로 이루어져야 한다.

Tip

에티켓의 6대 원칙

서양에서 대인관계의 황금률로 여기는 '남이 나에게 해주기를 바라는 것처럼 다른 사람에게 하라(Do unto others as you would have them do unto you)!'에 근간을 두고 만들어진 에티켓은 일반적으로 특수성보다는 보편성에 기초를 두고 있다.

현재 세계의 종교 지도자나 학자들이 프랑스 유네스코 본부에 모여 2000년 '보편적 윤리(Universal Ethics)헌장' 의 제정을 위해 각 국 윤리의 공통분모를 찾아내려는 노력을 기울이는 것도, 결국 지역적인 이기와 배타를 너머 세계를 하나로 보고 공통의 윤리를 적용하려는 보편성 위에 기초를 두고 있다.

1. 시간을 잘 지켜라 (Be on Time)!
2. 신중 하라 (Be Discreet)
3. 공손하고 명랑하고 긍정적으로 행동하라(Be Courteous, Pleasant and Positive)
4. 자신뿐만 아니라 사람에게도 (Be Concerned with Others, not Just Yourself)!
5. 적절한 복장을 갖춰라 (Dress appropriately)
6. 적절한 문어(文語)와 구어(句語)를 사용하라 (Use Proper Written and Spoken Language)

이미지 메이킹

이미지 메이킹을 완벽하게 하기 위해서는 서비스 맨은 자기 자신을 누구보다도 더 잘 파악하고 있어야 한다. 두 눈을 감아 보자. 그렇지만 두 눈을 감고 자신을 돌이켜 보면 쉽게 떠오르지 않는 것이 바로 자기 자신이다. 그렇다면 우리는 자신에 대해 얼마나 알고 있을까? 자신의 눈으로 보이는 외적인 모습과 사회 속에서의 자신을 보고 자기 자신의 모든 것 을 이해하는 것처럼 단정하고 있는 것은 아닌지 모르겠다.

> 자기 자신의 발견......
> 자기 자신의 발견은 자신을 사랑하는 데서부터 출발한다.
> 자신을 사랑하자.
> 자신을 자기가 사랑하지 않을 때 고객 역시 자신을 사랑해 줄 리가 없다.
> 자신의 이미지에 차별화를 갖자.
> 나만의 매력적인 이미지로 고객을 리더하자.

1. 이미지 메이킹의 의미

[1] 이미지(Image)란?

이미지의 어원은 고대 불어의 Image(이마쥬), 라틴어의 imago(이마고)이며, 동사형인 imitari는 모방하다(imatate)라는 뜻을 가지고 있다. 사전적인 의미로서의 imate는 형태, 모양, 느낌 영상, 관념 등을 뜻하고, imago는 정신분석학적인 용어로 양친 등의 면모나 영상 등이라는 의미로 사용하고 있다.

이미지는 '진실의 순간(결정적 순간, 인상에 남는 순간, 만족과 불만족을 가르는 15초의 순간)'으로 다른 사람이 보는 나의 모습을 의미하며 마음속에 떠오르는 사물에 대한 감각적 영상이나 심상, 인상 도는 표상을 뜻한다. 또한 이미지는 언어 이상으로 범위가 넓고, 직접적으로 호소하는 힘을 가지고 있어 두뇌만의 이해를 초월한 좀 더 오감을 자극하는 지적, 감각적, 사회적, 신체적인 것으로 말 할 수 있다.

[2] 이미지의 종류

① 외형 이미지(1차) : 그 사람의 첫 인상 외형 이미지 결정 요인에는 자신이 가지고 있는

- 단어의 선택, 억양, 음성 말투, 바디 랭귀지
- 옷차림
- 장신구
- 메이크업
- 헤어
- 얼굴, 표정, 시선
- 향수
- 자세, 몸가짐
- 걸음걸이
- 동작
- 매너

② 내면 이미지(2차)

- 만남
- 섬김
- 나눔
- 대화
- 신뢰

[3] 이미지의 형성

이미지는 사람, 사물 또는 일과 같은 것에 대해 사람들이 나름대로 만드는 생각과 감정 덩어리이다. 첫 이미지, 즉 첫인상은 흔히 외모 단서에 바탕을 두고 형성한다. 사람들은 처음 만나는 상황에서 주로 신체적 외모에 의존하여 인상을 형성한다. 여기에는 여러 가지 이유가 있는데 그 중 하나는 신체적 외모에 관한 정보는 첫 만남에서 자연스럽게 얻을 수 있기 때문이다.

낯선 사람에 관하여 구체적으로 알기 전에 우리는 그 사람의 생김새를 알 수 있다. 다른 비언어 단서들은 지속적인 만남을 통해서 작용하게 되지만 신체적 외모단서는 처음에는 매우 강력한 힘을 발휘한다.

[4] 인상의 형성

인상의 형성에는 여러 가지 효과가 작용하여 영향을 미치게 되는데 초두효과, 부정적 특성, 후광효과 등이 중요한 인상 형성 원리 중의 하나이다.

① 초두효과 : 먼저 제시 된 정보들이 최종 판단에 부당한 영향을 미치는 것을 말한다. 어떤 인물에 대해서 나중에 제시되는 정보보다는 처음에 제시된 정보가 최종 판단에 더 큰 영향을 미친다는 것이다.

② 부정적 특성 : 인상의 형성에 있어서 긍정적인 특성보다 부정적인 특성이 대체로 더 큰 비중을 갖는다는 원리이다.

③ 후광 효과 : 한 가지 긍정적인 특성을 지닌 사람이 다른 긍정적 특성들도 모두 지니고 있는 것으로 일반화 시키는 경향을 말한다.

이러한 원리와 이론들 때문에 이미지라는 것은 내가 의도 한 모습이건 또는 의도하지 않은 모습이건 상대에게 비춰진 내 모습이라고 설명하는 것이 이해가 빠를 것이다. 즉, 좋은 모습이건 그렇지 못한 모습이건 간에 "이미지"는 "다른 사람들"에 의해 판단되어지고, '다른 사람들에게 의도적으로 보여준 모습'이 될 수도 있다.

"다른 사람이 어떻게 날 생각하든, 어떻게 보이든 상관없어요. 그게 뭐 그리 중요하다고,,,, 나만 떳떳하면 되지,,,"라고 생각하는 자기 개성에 자기 멋에 사는 사람들이 주위에 많이 있다. 혹, 여러분 자신이나 주의에 누군가가 아직도 스타일에 신경을 쓰는 것을 허세를 부리는 것 또는 인위적인 것이라고 생각하는 사람이 있다면 그것은 성능이 좋은 물건을 만들어 놓고 디자인, 포장, 홍보에는 전혀 신경 쓰지 않고 그 물건이 잘 팔리기를 기대하는 것이나 마찬가지임을 인식해야 한다.

하지만 현대 사회는 나의 모습이, 나의 이미지가 어떻게 보이는가도 무척 중요하다. 특히 우리나라 사람처럼 남을 의식하며 사는 사회에서는 자심의 이미지가 상대에게 미치는 이미지는 실로 대단하다. 존 버거 라는 사회학자가 "보는 것은 말보다 선행한다."라고 했듯이, 사람들은 보여 지는 대로 나를 판단하고, 판단되어진 대로 상대는 내게 어떻게 행동 할 것인지, 나를 어떻게 대우 할 것인지를 결정하게 된다.

[5] 바람직한 인상의 형성

바람직한 이미지는 밝은 빛, 달콤한 향기, 정다운 맛, 영원한 느낌을 바탕에 깔고 있다. 이러한 느낌의 좋은 이미지를 창출하기 위해서는 먼저 매너를 익혀야 한다. 매너의 기본요소로는 ① 온화한 표정 ② 단정한 몸차림과 용모 ③ 바르고 절도 있는 자세와 행동 ④ 인사하기 ⑤ 부드럽고 상황에 맞는 말씨 등 5가지를 들 수 있다.

또한 나의 이미지를 창출하기 위해서는 내적 이미지와 외적 이미지 그리고 상대방의 인식이 이미지를 만드는데 중요한 요소이다.

※ 나의 이미지 = 내적 이미지 (신념, 가치관, 이상, 지적 수준,,,,) + 외적 이미지 (용모, 복장, 표정, M/UP, 자세,,,,) + 상대의 인식

즉, 처음 대면하는 상대방, 즉 고객에게 첫 이미지를 결정짓는 데 외모, 표정, 몸가짐에 의해서 모든 것이 결정됨을 알 수 있다. 흔히 말하기를 상품광고는 'BUY ME(나를 사세요)' 이고, 기업의 광고를 'LOVE ME(나를 사랑해 주세요)' 라고 한다. 여기서 "나"는 바로 이미지와 동의어인 셈이다.

현대 사회의 상품은 이미지 품질을 판매하는 것과 같은 것이다. 이러한 기업 이미지를 구성하는 개인의 이미지는 어떨까요? 보통 사람들은 첫인상을 결정 짓는데 보통은 6초(때때로 더 짧게 또는 좀 더 길게 주장하는 학자도 있다) 정도라고 한다.

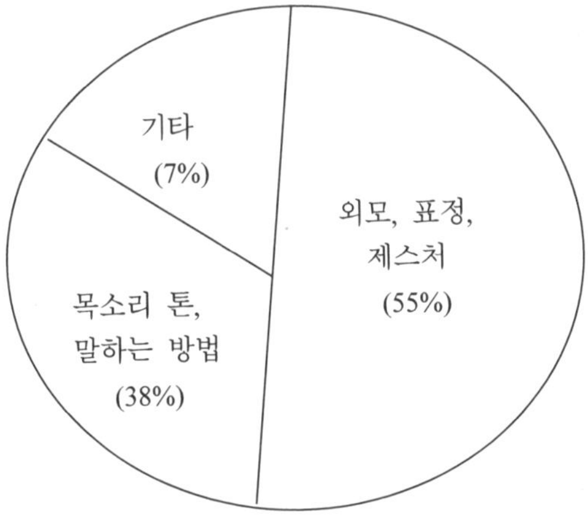

그런데 "사람이 첫인상을 나타낼 수 있는 기회는 단 한번뿐이다"라는 말처럼 첫인상은 두 번 줄 수 없고, 잘못 인식된 첫인상을 고치기 위해서는 지속적으로 48시간을 같이 지내야 한다고 하는데 하루에 가족과도 몇 시간 있길 못하는 현실을 생각하면 첫인상을 바꾸는 것은 거의 불가능하다고 볼 수 있다.

고객은 서비스 인의 심성이나 능력을 정확하게 알 수 있는 방법도 없을뿐더러 굳이 알려고 하지도 않는데, 서비스 인의 첫인상, 즉 이미지에 의해서 서비스 인 전체에 대해 평가를 한순간에 내리게 되고 호텔의 서비스 품질(SQC)를 평가하는 척도가 된다. 여러분의 얼굴은 여러분 자신의 얼굴이기 전에 호텔을 대표하는 고객을 위한 얼굴임을 명심하시고 적극적인 이미지 관리를 해야 되지 않을까요?

[6] 자신을 성공적으로 이미지 메이킹 하는 10계명

① 최고로 성공한 사들을 연구하여서, 그것을 자신에게 맞게 접목하여 그대로 따라 하라.

② 결코 부정적인 말을 하지 말라. 당신이 노력을 해도 부정적인 말은 나오게 되어있다. 노력을 하지 않으면 부정으로 얼룩진 말들만 주로 하게 될 것이다. 자신에 대해서나 남들에 대해서나 언제나 좋은 말만하겠다는 '말하기 원칙'을 세 워 놓아라.

③ 자기 자신에게는 언제나 최고로 대해주어라. 그러나 남들 앞에서는 겸손 하라.

④ 상대방을 최대한 존중하라. 당신이 존중을 받고 싶으면 먼저 존중해야 한다. 진리이다. 존경 받고 싶은 욕구는 모든 인간이 다 가지고 있다.

⑤ 자신의 모든 것을 있는 그대로 인정하라. 부족한 것은 감싸주어라. 뛰어난 것은 아낌없이 칭찬해주어라. 그리고 지금의 당신을 한없이 사랑하라. 무조건 말이다.

⑥ 자기의 몸을 귀하게 다루어서 잘 관리하라. 당신에게 가장 중요한 최고의 자산이다. 그 외의 것(돈, 일, 명예 등)은 모두가 둘째이다.

⑦ 자기의 가치를 높여줄 사람들과 어울려라. 백로가 까마귀와 섞여 놀면 가치가 떨어진다. 만나면 즐겁고 유익한 사람들과 만나라. 찜찜한 사람들과 억지로 만나는 것을 과감하게 끊어라. 당신의 직관을 믿어라. 만나서 상쾌하지 않으면 결코 당신의 성장에 도움이 되지 않는다.

⑧ 칭찬 전문가가 되어라. 자신에게 수시로 칭찬하라. 남들에게 수시로 칭찬하라. 약점을 보지 말고 칭찬할 만한 것을 찾아내서 칭찬하라. 칭찬하는 것도 하나의 습관이다.

⑨ 다른 사람들과 비교하지 말고 당신만의 색깔을 만들어라. 당신이 가장 잘 할 수 있는 분야를 계속 개발하라.

⑩ 당신이 바라는 최고의 상태를 상상하라. 조금도 의심하지 말고 마음속에 아주 선명 하게 그 모습을 그려라. 사람은 마음먹은 대로 흘러가게 되어있다. 바라지 않는다면 이루어지지도 않는 법이다.

[7] 이미지 체크

내가 생각하는 나

타인이 보는 나

(1) 나의 생각을 주어진 시간 동안 조리 있게 이야기 합니다.

항 목	내가 보기에는......	남들이 말하기를.....
용 모		
복 장		
표 정		
자 세		
대 화		

(2) 나 자신을 객관적으로 봅시다.

성 명	주 제	발표내용

(3) 나의 약한 부분은?

나의 단점	지적당한 부분

[8] 이미지 메이킹의 목적/필요성

'나의 모습을 어떻게 개성 있게 가장 멋있게 보여 줄까'? 만큼 중요한 것은 없다. '보기좋은 떡이 먹기도 좋다'는 말처럼, 어떻게 보이느냐에 따라 주체의 이미지가 달라질 수 있다. 세계가 좁아지면서 우리는 과거보다 훨씬 더 많은 이미지를 빠른 속도로 볼 수 있게 되었고, 첨단기술이 발달함에 따라 이미지를 전달하는 방법도 무척 다양해 졌다.

이미지 메이킹의 필요성은 다음과 같다.

① 이미지가 상대에게 자신의 본래 인상보다 더 좋게 또는 더 나쁘게 보일 수 있고 또는 저하되거나 과대 포장되어 상대에게 보일 수 있기 때문에

② 고객이 느끼는 자신의 이미지를 본래의 자신의 모습보다 더 좋은 이미지로 연출하기 위해서

[9] 이미지 형성 조건

① 단 7초안에 첫인상이 결정

② 시각에 의한 이미지는 55% 정도
③ 청각에 의한 이미지는 38% 정도

[10] 이미지의 특징

① 어떤 정보가 다른 정보 매체로 그대로 기억, 전달됨
② 자신의 판단을 바탕으로 그 사람에 대한 인상, 이미지를 결정한다. 고정관념에 바탕을 두고 형성된다.
③ 첫인상은 흔히 외모 단서에 바탕을 두고 형성된다.
④ 첫인상이 곧 이미지이며 잘 바뀌지 않는다.
⑤ 이미지 개발을 제대로 하기란 쉽지 않다.

2. 이미지의 실체 ☺ 😐 ☹

얼굴은 '얼+꼴'에서 나온 말이다. 얼굴은 사람의 '얼(감정, 정신, 마음)'을 표현하는 수단이다. 사람의 얼굴은 감정, 마음의 상태에 따라 기쁘면 기쁜 대로, 슬프면 슬픈 대로 얼굴 근육의 변화를 일으켜 표정을 만들어 낸다.

그렇다면 내 얼굴의 주인은 누구인가?

내 얼굴의 주인은 '내가 아니라 나를 바라보는 사람들 - 고객들, 동료들'이다. 그러므로 좋은 표정은 유지하는 것은 상대방에 대한 기본적인 예의라는 것을 깊이 인식하고 언제나 좋은 표정을 유지하도록 의도적으로 노력해야 할 것이다.

[1] 좋은 표정 익히기

① 평소에 거울 보는 습관을 가진다.
② 얼굴의 근육을 풀어주고 지속적으로 훈련 한다.
③ 좋은 표정의 근본적인 원인은 마음을 편안하게 가지고 여유로운 마음을 갖는데 있으므로 항상 좋은 생각, 긍정적인 생각으로 생활하는 것이 주요하다.

이렇듯 좋은 표정을 익히기 위해서는 표정 훈련이 필요하다. 우리의 얼굴 근

육은 80여 가지고, 그 80여 개의 근육으로 만들 수 있는 표정은 7000여 가지라고 한다. 이렇게 다양한 표정을 상황에 맞게 연출하기 위해서는 평소 얼굴의 근육을 풀어주는 훈련을 해야 한다. 여성의 경우는 화장하기 전 20번 씩 만 훈련하면 자연스럽게 미소를 짓는 근육이 될 것이다.

[2] 얼굴 근육 풀기 훈련

① 눈썹주위 근육 풀기

- 찡그린 표정의 눈썹을 만들어 본다.
- 웃을 때 표정의 눈썹을 만들어 본다.
- 눈썹을 위로 ,아래로 올렸다 내렸다 한다.

② 눈 주위 근육 풀기

- 눈을 감고 서서히 힘을 주기 시작해서 최대한 눈을 꽉 감는다.
- 눈을 뜨고 눈동자를 아래로 → 위 → 좌 → 우 → 원을 그리듯이 한바퀴 돌린다.
- 갑자기 놀란 표정 → 아주 기분 나쁜 표정 → 아주 기쁜 표정

③ 입·뺨 주위의 근육 풀기 (입꼬리 당김 근, 입꼬리 내림 근)

- 입안 가득히 공기를 채운다.
- 공기를 오른쪽으로 몰아 둔다. → 공기를 왼쪽으로 몰아 둔다.
- 공기를 위로 → 아래로 움직인다.
- 입안의 공기로 가글 한다. → 공기를 오른쪽으로 돌린다. → 왼쪽으로 돌린다.

[3] 미소 만들기

① 작은 미소 짓기

- 대기 자세 때나 지속적인 고객 응대 시에 반드시 필요한 미소이다.
- 입꼬리를 올리는 방법으로 "으음"의 소리가 나올 정도로 하면 된다.
- "으"보다는 "음"의 꼬리를 올려주어야 입꼬리가 올라간다.

② 큰 미소 짓기

- "~이"로 끝나는 단어로 연습을 한다.
- "김치"나 "치즈"는 입매가 자연스럽지 못하므로 "위스키" "와이키키" "오이지"
- "쿠키" … 정도의 단어가 좋다.

③ 미소 유지하기

- 고객 응대시 인사를 할 때는 밝은 표정으로 응대하다가 대화 중일 때나 고객이 지나가고 나면 무표정으로 있는 경우가 많다.
- 대화가 끝나거나, 인사말이 끝나거나 고객이 말씀 하시는 동안은 미소를 유지하는 것이 무엇보다 좋은 느낌, 친절한 느낌을 주는데 중요하다.
- "~(이)"를 마음속으로 되새긴다.

접 객 용 어 실 습	
- 안녕하십니까? (이) - 감사합니다. - 잠시만 기다려 주시겠습니까? (이) - 즐거운 시간 되십시오. (이) - 무엇을 도와드릴까요? (이)	- 어서 오십시오. (이) - 실례합니다. (이) - 오래 기다리셨습니다. (이) - 다음에 또 뵙겠습니다. (이) - 네, 잘 알겠습니다. (이)

미소와 친절의 전염성
미소와 친절은 전염성이 매우 강하다. 내가 웃으면 남도 웃고, 나의 작은 친절에 수많은 사람이 기뻐한다. 미소와 친절은 내가 너무 사랑하는 전염병이다.
한없이 낮아지자
고객 앞에서는 한없이 낮아지자! 아무리 작은 일이라도 미소와 친절로 고객을 대하는 일에 최선을 다한다면 그 모습 자체로 충분히 아름다울 수 있다.
입가에 미소부터 띄운다
잘 모르는 것을 묻는 고객에게 미소 띤 얼굴로 "잠시만 기다려 달라"고 양해를 구하면 대부분의 고객은 말없이 기다려준다. 잘 모를 때는 일단 입가에 미소부터 띄우고 보자!
안 반할 수 없는 이유
출근하면 제일 먼저 오늘 하루 만나게 될 고객들의 얼굴을 떠올리며 거울 앞에서 열 번 이상 미소를 지어본다. 아! 그런데, 오늘도 내 미소에 내가 반하게 되는 것은 무슨 이유일까?
얼굴은 마음의 거울
마냥 미소만 짓는다고 저절로 친절이 나오는 것은 아니다. 미소 짓는 얼굴을 더욱 아름답게 만드는 마음가짐이 있어야 주는 사람과 받는 사람이 함께하는 친절이 완성된다. 발매(1A)
미소가 아름다운 여자
'미소가 아름다운 여자'라는 광고문구가 생각난다. 예쁘게 자기 회사 유니폼을 입고 살포시 미소 짓는 광고의 마지막 장면 같은 모습으로 우리를 변신시켜 보자.
입가를 맴도는 이유 없는 미소
나의 미소로 인해 고객들이 즐거울 수 있다는 생각에 가슴이 뿌듯하다. 바쁜 하루를 보냈지만 집으로 향하는 내 입가에는 이유를 알 수 없는 미소가 자꾸 맴돈다.
고객이 OK! 할 때 까지
짜증난 고객의 표정을 한번에 바꿔놓는 방법 - 웃다가 뺨 맞는 일이 있더라도 입이 귀까지 찢어지게(?) 미소를 짓는다. 그래도 안 되면 - 일단 찢어진 입을 꿰매고 본다.
미소와 친절은 윤활유
사람들 사이에서 윤활유처럼 존재하며 서로를 이어주는 미소와 친절. 지금처럼 어려운 때 우리에게 제일 필요한 것은 바로 미소와 친절이다.
작은 것이 세상을 바꾼다.
미소는 자신뿐 아니라 주위의 모든 사람을 편안하게 만들어 준다. 친절은 내가 남에게 보여주는 최고의 미덕이다.
서로의 얼굴을 확인하자.
미소 없는 친절은 자칫 사무적이고 기계적으로 보이기 쉽다. 미소는 모든 것을 친숙하고 따뜻하게 만든다. 혹 우리의 친절에 미소가 빠지지는 않았는지 지금 눈을 돌려 서로의 얼굴을 한번 살펴보자.
단팥 없는 찐빵
미소와 친절은 생활에서 빼놓을 수 없는 양념이다. 음식에 간을 하지 않으면 아무리 보기 좋아도 손이 가지 않듯 미소가 없는 친절은 단팥 없는 찐빵이 아닐까?

[4] 시 선

사람을 처음 만났을 때 대다수의 사람들은 눈을 본다고 한다. 예로부터 눈은 마음의 창이고 거울이라고 하지 않았던가! 그리고 그 사람의 정신을 말한다고 믿어 왔다.

① 시선에는 분위기가 있다.

진지하고 성의 있는 시선은 사람을 기분 좋게 한다. 상대방에게 관심을 기울이고 받아들일 자세가 되어있음을 시선을 통해서 느끼기 때문이다.

② 주의해야 할 시선들

- 시선은 수평으로 둔다. 고개를 숙이거나 눈을 위로 치켜뜨면 자신감이 없어 보이거나 경계심을 갖고 있는 것 같아 거북스럽다. 반면 턱을 치켜들고 아래로 내려다보면 상대방을 무시하는 것 같아 보일 수 있다.
- 시선과 얼굴의 방향을 일치되게 한다. 얼굴은 앞을 향하고 시선만 옆으로 보면 상대에게 곁눈질 하는 느낌을 줄 수 있다.
- 시선을 한 곳에 너무 오래 고정 시킨다든지 아래위로 훑어본다든지 눈을 유난히 깜빡인다든지 하는 습관은 상대에게 오해를 줄 수 있고, 신뢰감을 잃을 수 있으므로 반드시 지양 한다.

[5] 고객과의 첫 만남

고객과 처음 접촉하는 것이 어프로치(Approach)이다. 고객과의 Approach 단계에서는 반드시 실청해야 할 것이 '눈 · 미소 · 언어'이다.

① 눈 : 눈맞춤

- 고객이 다가오는 것을 알았을 때는 얼른 고객과 눈을 맞추어야 한다.
- 고객이 다가오거나, 들어오는데 오히려 외면하는 사람이 있는데 이는 금물이다.
- 고객이 바로 옆에 와 있는데 하던 일을 계속하는 것은 바른 응대태도가 아니다.
- 무엇보다 고객을 먼저 아는 척 하는 것이 중요하다.

② 미 : 미소

- 고객과 눈이 마주치면 환영의 마음을 전달하는 미소를 지어야 한다.
- 가만히 있게 되면 고객이 불편한 맘을 가질 수 있고, 어색한 분위기를 느낄 수 있고, 자칫 잘못하면 시선이 날카롭거나 차가운 인상을 주게 된다.
- 미소를 지어야 한다. 고객이 편안한 마음으로 다가 올 수 있게...

③ 소 : 소리, 말

웃기만 하고 있으면 그것 또한 어색하다. 따라서 미소와 눈맞춤과 동시에 적절한 접객 용어를 써야 한다. 또한 고객과 즐겁게 대화하기 위해서는 다음 10가지 상항을 기억해야 한다.

- 칭찬과 함께 밝은 화제로 시작한다.
- 표현하는 단어나 문구도 밝게 한다.
- 고객에게 홍미를 끌 수 있는 내용으로 전개한다.
- 부정적이기 보다는 긍정적이고 전향적으로 한다.
- 말하기 보다는 듣고 말하는 것이 습관이 되야 한다.
- 고객에겐 언제나 솔직한 의견을 개진한다.
- 항상 의욕을 창출하는 이야기로 전개한다.
- 긍정적인 맞장구는 최대의 무기이다.
- 공감이 이루어지도록 화제 전개한다.
- 같은 말을 지루하게 반복은 말자.

Tip 스마일 파워 진단

자신에게 맞는 항목을 표시한다.

- 자신의 미소 짓는 얼굴이 맘에 든다.
- 웃는 얼굴이 매력적이라고 칭찬을 종종 받는다.
- 미소 지을 때 입술 최대한 벌리는 편이다.
- 미소 지을 때 이를 드러내고 웃는 편이다.
- 미소 지을 때 입꼬리가 위로 향하도록 웃는다.
- 항상 미소 지으려고 노력하는 편이다.
- 사진을 찍을 때 자연스럽게 웃는 얼굴을 취할 수 있다.
- 환하게 웃는 것이 건강에 좋은 것을 알고 있다.
- 나의 웃는 얼굴은 바꾸고 싶다고 생각해 본적이 없다.
- 미소 지을 때 손으로 입을 가리지 않는다.

위의 설문에서 표시한 항목이 몇 개인지 확인한다.

- 8개 이상 : 당신은 강력한 스마일 파워를 가지고 있다.
- 6개 이상 : 당신은 보통의 스마일 파워를 가지고 있다.
- 4개 이상 : 당신은 스마일 파워를 키워야 한다.
- 3개 이하 : 당신은 스마일 파워에 문제가 있네요.

잠깐!! 1. 전사자 보급소리 중...

국가적인 경제위기 속에서도 경마를 즐기려는 고객은 꾸준히 늘고, 그만큼 현장에서 고객을 응대하는 창구 직원들의 손길은 더욱 바빠졌다. 항상 친절하고 밝은 모습으로 고객을 맞고 봉사하는 마음으로 업무에 임하지만 하루 종일 복잡한 창구에서 고객을 상대하다 보면 가끔은 이런 우리의 다짐이 소홀해지기도 한다.

그러나 '친절은 봉사가 아니라 투자'라는 말처럼 고객에 대한 친절은 우리 일터의 미래를 위한 가장 확실한 투자라고 생각하고 잠시도 고객들에게 보내는 미소와 친절을 잊어서는 안 될 것이다. '굽소리'는 이러한 우리의 마음가짐을 거울처럼 보여주는 경마일선의 동료들을 추천 받아 소개한다. 함박웃음과 상냥한 목소리로 고객을 감동시키고야 마는 우리들의 동료, '미소의 여왕'. 오늘은 우리가 뽑은 여왕의 미소를 거울에 예쁘게 오려 붙이고 똑같은 미소를 만들어 보자. 이렇게

잠깐!! 2. 동경 디즈니랜드 ☺ 😐 ☹

어느 나라 사람이든지 일본여행을 가면 반드시 한 번쯤은 가보고 싶어 하는 곳이 동경디즈니랜드이다. 이곳은 무려 하루 30만 명의 관람객이 몰리는 곳. 무슨 까닭으로 이처럼 많은 사람이 모이는 것일까? 아니 끌어 모을 수 있는 것일까?

첫 번째, 종업원들의 미소와 말씨 때문이다.

이곳 디즈니랜드에서는 "주인공은 손님(관람객)이다. 손님에게 기쁨을 제공하는 것이 종업원의 의무이다".라는 사고방식으로 모두가 맡은 바 일에 열중하지만 그 중에서도 "미소"를 단연 중요시한다.

"웃는 얼굴에 침 뱉으랴"라는 우리나라 속담처럼 상술이 뛰어난 중국에서는 "미소가 없는 사람은 장사할 자격이 없다"는 속담이 전해 온다. 웃음이란 누구에게나 기쁨을 가져다주는 돈 안 드는 무기이며 밑천이다. 국적이 다르고 말이 달라 의사소통이 안 되는 외국인을 접했을 때에도 미소를 지으면서 고개 숙여 응대하면 "아 나를 환영 하는구나"라고 금세 알아차린다. 미소란 국경 없는 만국 공통어이기 때문이다.

이 디즈니랜드 종업원들의 미소는 직업이니까 어쩔 수 없이 나오는 형식적이 미소가 아니고 ,철저한 스마일 교육으로 인해 아주 자연스럽게 우러나온다. 모든 종업원은 매일 아침 일을 시작하기 전에 거울을 향해 기분 좋게 미소 짓는 훈련을 반복한다. 그리고 미소와 함께 경쾌한 동작도 함께 곁들인다.

한 유명한 정신신경과 의사의 연구에 따르면, 웃으면 뇌의 운동이 활발해진다고 한다. 그래서 운동하는 것과 같은 효과를 가져와 인체의 에너지 소비량이 상당히 많아지며, 이것이 지방질의 신진대사에도 연결된다고 한다. 뜻밖의 사실은 여성들은 신체 구조상 웃으면, 웃을 때 들여 마시는 공기가 자궁까지 미쳐 성기를 진동시킨다는 것이다. 여성의 하체는 일종의 파이프처럼 길게 되어 있어, 공

기가 입을 통해 위장가지 곧바로 들어간다고 한다. 때문에 평상시 호흡으로는 별다른 영향이 없지만, 웃거나 재채기, 또는 하품 따위를 할 때면 공기가 급속히 성기 안쪽으로 흘러 들어가 자궁, 질, 소음순이나 대음순을 떨게 한다는 것이다. 그렇게 되면 여자의 자궁이 강해져 아기를 낳을 때도 제왕절개수술을 하지 않고 자연 분만하기가 쉽다고 한다.

옛날 궁중에서 왕의 시중을 들 궁녀를 뽑을 때, 숫처녀인지 아닌지 검사하기 위해 큰 그릇에 재를 가득 담아 놓고 그 위에 앉아서 재채기를 하게 했다고 한다. 이 때 숫처녀라면 처녀막이 뚫려 있지 않으므로, 공기가 성기에까지 미치지 않아 재가 날아가지 않지만, 남자 경험이 있는 여자는 처녀막이 없어졌으므로, 공기가 통해 재를 획 날려 보내게 된다고 하였다.

두 번째, 손님과 말할 때는 눈높이를 똑같이 한다.

동경디즈니랜드의 종업원들은 꼬마 손님 즉 어린이와 말 할 때 눈높이를 맞추기 위해 허리를 구부리거나 앉아서 말한다. 누구나 느끼는 것이지만, 얘기할 때 자기를 내려다보며 말하는 사람에게는 왠지 무시당하는 느낌이 드는 반면, 눈높이를 맞추면 훨씬 편안하고 맘도 잘 통하는 것 같다. 키가 몹시 큰 외국인과 같이 엘리베이터를 타면서 아마 그런 묘한 감정을 느껴 봤을 것이다.

세 번째, 청소를 잘한다.

가장 실천하기 쉽고도 당연한 것인 줄 알지만, 막상 하려고 보면 잘 되지 않는 것이기도 하다. 아무리 훌륭하고 멋있고 호화스러운 공연이나 오락기구, 시설들이 갖추어져 있다 하더라도 오물투성이인 놀이공원이라면 모처럼 나들이 나온 사람은 김이 싹 빠지고 말 것이다. 대개 사람이 많이 모이는 장소에 가 보면 쓰레기가 많이 쌓여 있으며, 오랫동안 방치해 두다가 손님이 다 돌아가고 난 후에 치우게 마련이다. 그러나 "동경디즈니랜드"에는 "개스 트디알"이라고 하는 청소 전문요원이 상주하고 있어 쓰레기가 눈에 띄면 곧바로 그 자리에서 치워 버린다. 자기 구역이 정해져 있어, 15분마다 돌면서 구석구석 깨끗하게 청소를 해 놓는 것이다.

여기에 손님을 위해 한 가지 더 배려하고 있는 것은 곳곳에 씩씩한 사람들을 배치해서 "청소는 나이 50~60세 넘은 고령자들이 하는 더럽고 지저분한 일"이라고 생각하는 보통 사람들의 관념을 바꾸어 놓은 것이다. 종업원 또한 "청소란 손님을 기쁘게 해 드리기 위해서 아주 중요한 일이다"라는 자부심과 사명감을 가지고 하고 있다고, 그래서 손님들에게 아주 참신하고 신선하다는 이미지를 심어 주고 있다.

일본 각지에는 이 디즈니랜드처럼 천문학적인 돈을 투자하여 만든 테마공원이 많은데 이들 대부분이 손님이 없어 고전하고 있는 반면 동경디즈니랜드만큼은 해가 갈수록 입장객이 늘어나고 있다고 한다. 앞에서 말한 세 가지 이유, 미소와 눈높이, 청소에 대한 배려로 확실한 고객 감동을 이끌어 냈기 때문이다.

그밖에도 인사를 할 때는 "어서 오십시오."가 아닌, "안녕하세요."로 좀 더 정답게 다가가도록 했으며 안내판을 세워 놓지 않고 종업원들이 직접 손님들에게 길을 가르쳐 주기 때문에 손님과 자연스레 대화하는 시간을 많게 하여, 친숙함을 더하게 했다.

3. 호감 가는 표정/미소 ☺ 😐 ☹

서비스업은 누구나, 할 수 있다고 생각하지만, 결코 그렇지 않다. 마찬가지로 서비스맨 역시누구나 할 수 있는 직업이 아니다. 스스로가 서비스 하는 것이 절로 즐겁고, 고객에게 다가가는 일이 어렵지 않고, 남이 보기 에도 너무나 자연스럽고, 다정다감한 사람, 무엇보다 그 서비스맨의 얼굴에 그 표정 안에, 몸짓에 홍이 베인 직원만이 고객 감동을 창출 해내는 바로 그가 기업의 일등공신인 것이다.

기업은 이러한 일등공신을 현장에 남겨야 된다. 그리고 최대의 명예를 부여하라.

[1] 표정 관리

(1) 표정이란?

① 외형적 모습이 어떠한 의미를 나타 낼 때 표정이라 말함
② 표정은 마음
③ 말이 아니라 마음으로 말 하는 것

(2) 표정과 언어의 차이점?

① 의사소통의 수단은 언어, 표정을 통하여 말하고자 하는 의도를 알 수 있

다.(상대의 마음)

② 말은 거짓을 할 수 있으나 표정을 거짓으로 장식하기는 무척 어렵다.

(3) 상대하기가 싫은 사람과 대화를 할 때의 나의 표정은?

(4) 표정이 밝은 사람과 대화를 할 때의 나의 표정은?

(5) 표정이 밝은 사람의 특징?

① 아량이 넓고
② 설득력을 지니고 있으며
③ 인간관계를 원만하게 유지하며
④ 매사를 성공적으로 이끌 수 있다.

(6) 얼굴 표정이란?

① 외모의 핵심은 얼굴
② 사람의 신체 가운데 가장 표현력이 있고
③ 눈에 잘 띄는 부분

(7) 표정의 가장 중요한 요소?

상대방에게 호감을 주느냐, 못 주느냐!

(8) 얼굴 표정의 역할

① 자신의 속마음을 나타내기도 하고
② 상대방의 기분을 판단

(9) 호감을 주는 표정관리란?

① 평소에 마음가짐을 아름답게
② 얼굴을 밝게
③ 자신의 교양을 쌓아 품위 있는 인격을 함양

(10) 부드러운 얼굴표정이란?

(11) 부드럽지 못한 얼굴 표정이란? (고객을 내 쫓는 표정)

① 무표정
② 미간에 주름을 세우는 얼굴 표정
③ 입술을 옆으로 다문 표정
④ 입꼬리가 내려 간 표정
⑤ 코웃음 치는 것 같은 표정
⑥ 의욕 없는 표정
⑦ 동료 간의 시기하는 표정
⑧ 고객을 의식하지 않는 표정
⑨ 고객을 아예 외면
⑩ 흥분한 표정
⑪ 거짓을 말하는 얼굴 표정

(12) 지금 당신의 얼굴 표정은?

(13) 서비스맨의 얼굴 표정은?

① 무엇보다도 친근감이 뛰어 난
② 예의 바른
③ 전심전력을 기울이는
④ 사랑스러운
⑤ 정직한
⑥ 긍정적인
⑦ 기쁨에 넘친
⑧ 자신만만한
⑨ 의욕과 생기가 넘치는
⑩ 스마일을 유지

(14) 서비스맨이 무조건 버려야 할 표정?

무표정

[2] 미소 관리

(1) 미소란?

① 기쁨
② 즐거움
③ 기분 전환
④ 호텔리어의 기본

(2) 미소를 잃어버리면?

① 원망
② 불평
③ 불만
④ 우울
⑤ 절망
⑥ 하는 일 모두가 고통

(3) 미소의 역할

① 하나님이 인간에게만 주신 특별한 선물
② 행복
③ 관용
④ 사랑
⑤ 친근감
⑥ 상대의 찡그린 얼굴을 펴게 하고
⑦ 슬픔과 괴로움을 덜어 주고
⑧ 불행을 몰아내는 신비성

(4) 미소로 생활을 가득 채우면

① 즐거움
② 평안
③ 화목

④ 젊음
⑤ 더욱이 건강한 인생

(5) 미소를 잃은 내 동료의 모습

① 우는 모습
② 찡그린 모습
③ 지칠 대로 지친
④ 근심에 잠긴
⑤ 못 마땅한
⑥ 떳떳치 못한
⑦ 실망스러운
⑧ 무관심한
⑨ 충격적인
⑩ 회의적인
⑪ 고통스러운
⑫ 맥빠진
⑬ 마음이 상한
⑭ 후회스러운
⑮ 아주 딱한
⑯ 위축된
⑰ 난처한
⑱ 잘난 체 하는
⑲ 당황하는
⑳ 부정적인
㉑ 슬픈
㉒ 단호한

(6) 그 미소를 잃은 모습을 보면?

① 근심걱정
② 병자

③ 궁색

(7) 서비스맨에게 미소가 정말 필요한 이유?

① 원만한 대인관계 유지에 기본이자 필수
- 난처한 입장이나
- 어려운 경우 처했을 때
- 어색하고 거북한 상황을 대처

② 고객(특히 외국인)에 대한 안도감
- 미소 띤 밝고
- 따뜻하고
- 친근감
- 관심
- 배려
- 정성
- 편안
- 선입감 배제
- 대화가 쉬워진다.

③ 컴플레인 발생을 억제하기 위해

(8) 서비스맨의 표정관리 주의사항

① 어떤 상황?
- 집안에 안 좋은 일을 당했을 때
- 몸이 아플 때
- 너무 바쁠 때
- 너무 한가할 때
- 무료 쿠폰을 제시할 때
- 고객의 외모
- 고객의 차림새
- 단골고객과 신규고객을 차별
- 고객의 컴플레인 발생시

• 고객의 컴플레인 처리 후
• 직원(동료, 상사)간의 오해
• 함께 일하는 직원이 비협조적인 태도를 취할 때
• 피로할 때
• 불쾌할 때
• 어떤 문제가 생겼을 때
• 번거로운 업무
• 실수했을 때

② 인간의 마음은 얼굴 표정에 그대로 나타나므로 표정관리에 주의

(9) 얼굴의 표정은 상대방에게 전염이 되기 때문에 명랑하게 미소 짓는 얼굴로 고객을 바라보면 고객도 웃는 얼굴로 대해주게 된다.

(10) 얼굴이 잘 생겼는데도 특별한 표정관리가 필요할까?

① 아무리 잘 생긴 얼굴의 서비스 맨이라도 얼굴에 미소가 없으면, 표정이 어두우면?

• 상대방에게 호감을 줄 수 없다.
• 이미 서비스맨이 아니다.

② 사장은 누구?

• 잘생겼는데 미소까지?
• 잘생기고 무표정?

(11) 서비스맨의 미소 연출

① 상황에 어울리는 것
② 가볍고
③ 자연스러운
④ 진심
⑤ 얼굴 전체
⑥ 뒷모습

(12) 미소의 중요성

① 고객에게 편안한 기분
② 자기 자신에 대한 호감
③ 인간관계
④ 궁극적으로 자기 자신의 마음도 즐거워

(13) 서비스가 전체적으로 딱딱하다. 성의가 없다는 평가를 받는 것은 직원의 무엇이 부족하기 때문일까요?

(14) 표정이 살아 있지 않으면 아무리 좋은 서비스를 제공 한다 해도 고객은 인정하지 않는다.

(15) 표정이 살아 있지 않으면 고객 자신이 환영받고 있다는 느낌을 받을 수 없다.

(16) 서비스는 밝은 미소로 시작해서 미소로 끝난다 해도 과언이 아니다.

(17) 미소를 되찾아야 한다.

(18) 미소를 돕는 $+\alpha$? 음악

(19) 동·서양의 웃음에 관한 개념 차이

① 동양

a. 실제

- 가장 부족한 것이 바로 미소
- 원래 우리나라 사람들은 다른 사람에게 미소 짓는 것에 인색
- 표정이 많이 경직되어 있다.
- 어서 오십시오. 대단히 감사합니다. 라는 인사말을 미소와 함께 제대로 하는 사람은 과연 몇 명?
- 상대방에게 미소를 짓는 것쯤이야 간단하다고 생각하지만, 실제로 해보면 우리나라 사람에게 상당히 어색한 동작

b. 원인

- 낯선 사람에게 미소를 짓는 일에 익숙해 있지 않기 때문에
- 무표정한 얼굴
- 차가운 인상

c. 극복

- 미소를 생활화
- 특히 업무 전 미소 짓는 연습 필수
- 한 사람씩 거울 앞에 서서 "안녕하십니까?"라고 말하면서 웃는 표정
- 매일
- 반복
- 익숙
- 고객 앞에서 자연스러운 웃는 표정을 지을 수 있다.

② 서양

- + α 몸으로 말한다.

(20) 그런데 똑같은 웃는 표정을 지어도보기에 좋은 미소가 있고 그렇지 못한 미소가 있다.

① 비웃는 듯 한 미소
② 능글능글한 미소
③ 혐오감을 주는 미소

(21) 누가 보아도

① 경쾌
② 명랑
③ 기분 좋은

(22) 밝은 미소는

① 고객의 마음을 활짝 열게
② 자기 자신에 대한 신뢰를 두텁게
③ 미소가 밝으면 음성이 경쾌해 지며 응대태도가 돋보임

(23) 미소를 보여주는 거리

① 밀접거리(0～45cm) : 연인사이
② 개체거리(45～120cm) : 고객에게 무엇인가를 설명 할 때

③ 사회거리(120~360cm) : 일반적인 고객 응대 시
④ 공중거리(360 이상cm) : 고객과 대화는 하지 않고 지나치게 되었을 때

(24) Smile의 효과

① 대화 효과
② mind control 효과
③ 감정이입(empathy)효과
④ 건강 증진의 효과
⑤ 신바람 효과
⑥ 호감 효과
⑦ 실적 향상 효과
⑧ 돈이 들지 않는 가장 훌륭한 고객 응대 효과
⑨ 이미지 형성에 일등공신 효과
⑩ 편안한 분위기 조성 효과
⑪ 행복한 삶의 보장 효과
⑫ 자신을 아름답게 하는 효과
⑬ 인생에 있어 성공의 여부를 좌우하는 효과
⑭ 대인관계의 효과

(25) 온화한 표정을 만드는 시선 위치

① 눈은 마음의 거울이다.
② 첫인상에 있어 84%가 시선
③ 눈과 눈 사이를 바라보자.
④ 어쩌다 마주친 눈빛 또한 상대방을 정면으로 향하여 밝은 눈빛으로
⑤ 자연스럽고 부드럽게
⑥ 눈동자는 항상 중앙에 위치
⑦ 고객의 눈높이와 맞춘다.

(26) 미소 연출시 주의해야 할 시선

① 위로 치켜 뜬 눈

② 아래로 뜨는 눈

③ 곁눈질

④ 아래위로 훑어보는 눈

⑤한곳만 응시하는 눈(코만, 턱만, 정면만, 신체한부분만)

⑥ 충혈된 눈

⑦ 깔보는 듯한 눈

⑧ 눈빛이 매섭고 날카로운

⑨ 초점이 흐려져 있는

[3] 제 2의 언어 미소는 훈련으로 만들 수 있다.

(1) 자기 관리법

미소는 개개인의 자기관리에서 시작
아래와 같은 자기 관리법을 이용 해 보자.

① I am Best

② 거울을 보면서 일부러라도 웃는 연습을 하자.

③ 자신의 업무를 늘 새로운 일 이라고 생각하자.

④ 고객이 내 가족이라고 생각하자.

⑤ 이왕 한다면 '잘해보자'라고 생각하자.

⑥ 즐거웠던 일만을 생각하자.

⑦ 근무 전날 과음, 무리하지 말자.

⑧ 웃지 않을 때의 나의 딱딱한 모습을 떠올려 보자.

⑨ 마음의 여유를 가져라.

⑩ 어려울 때 일수록 '나는 프로 서비스 맨이다.'를 외치자.

(2) Smile과 Laugh의 차이점은?

① Smile

② Laugh

(3) Smile 체조

효과적인 미소를 연출하기 위해서는 사전 운동이 꼭 필요 하다.

① 눈썹

② 눈, 눈두덩

③ 코

④ 입, 뺨

⑤ 턱

⑥ 웃는 얼굴

⑦ + α

- 표정연습을 과장되게, 오버 액션을 취해서 반복 연습
- 항상 거울을 보면서,
- 특히 미소를 익히기 위해서 눈 · 입 주위 근육 운동이 중요. (밝고 자연스럽게 입꼬리 올리기)
- 시선 주의
- 언제가 효과적?
  → 근무 시간전
  → 긴장이 될 때
  → 평상시에도 훈련을 하게 되면 얼굴 근육이 풀어지고 표정이 풍부해져서 미소 짓기가 쉬워진다.

(4) 얼굴, 눈, 입의 표정

① 얼굴의 표정

- 얼굴의 전체적인 분위기는 부드럽고 온화하게(딱딱한 얼굴 주의)
- 명랑한 얼굴 표정은 상대방에게 즐거움과 행복감을 줌
- 얼굴의 근육을 긴장시키거나 찡그리지 않는다.
- 턱을 자연스럽고 반듯하게, 턱을 일부러 끌어 들이면 의도적인 표정이 되어 꾸밈이 있어 보인다.
- 너무 조작된 억지 표정을 짓지 않는다.
- 자연스럽게 미소 띤 표정을 유지
- 경우에 맞는 표정을 짓는다. (고객의 상황에 맞춰)
- 갑작스럽게 표정을 바꾸지 않는다.

② 눈의 표정

- 눈은 마음의 창
- 밝고 맑은 생각을 가졌을 때 표정도 밝고 맑아
- 눈을 자주 깜박이는 버릇, 안구를 데굴데굴 굴리는 것 등은 상대방을 불안하게 만들어 좋지 못하다.
- 상대방을 아래위로 훑어보는 것은 불쾌감
- 눈을 힐끔거리거나 슬쩍슬쩍 쳐다보는 것은 보기에 좋지 않다.
- 눈을 흘기거나 곁눈질하면 더욱 보기 흉하다.
- 곱게 뜬 눈, 단정한 시선
- 얼굴색으로 가슴 속을 보이고 눈빛으로 말을 한다.
- 다정한 표정, 진지하고 그윽한 눈빛이 고객을 즐겁게
- 눈썹을 위로 올리면 눈꺼풀이 기분 좋게 떠지면서 마음도 열리게 된다.

③ 입의 표정

- 입은 조용히 다물되 힘주지 않는다.
- 입가에 힘을 주면 찬 인상을 풍기고
- 입을 "헤- "하고 벌리고 있으면 허술하게
- 입모양은 항상 위스키를 유지
- 때론 아래 위 입술을 서로 붙이면 온화한 표정

(5) 호감을 주는 미소를 연출해 보자.

[4] 효과적인 미소 연출법

(1) 생활을 바꾸자(건강)

① 병원

- 자신만의 주치의(종합 병원 예약 절차 복잡, 가까운 동네 선정)

② 피부

- 보호하자. 그리고 가꾸자.(자외선 지수30, 흐린 날 15)

③ 음식

- 토마토(익혀서)
- 마늘(익혀서)
- 포도주(일주일에 3～4잔)
- 녹차(다이어트)
- 야채 ,과일 하루 한쪽씩 매일

④ 호흡, 체조

- 머리 뒤쪽에서 이마 중간까지 중앙 부분을 누르고, 한 손의 엄지로 머리 중앙을 꾹꾹 눌러줌.
- 미간 문지르기(주름억제)
- 눈을 꾹 눌렀다가 힘 빼고 3번 반복
- 코 주위를 눈썹 위 까지 손으로 올려
- 얼굴 전체를 아래에서 위로 마사지 하듯

a. 앉은 자세

- 허리를 펴고
- 양반다리
- 두 번, 세번째 발가락 사이 밑을 누르고→피로가 풀림
- 두 손을 무릎 위
- 배를 부풀게 숨을 내 쉬고 ,등이 갈비뼈에 닿을 정도로 숨을 들어 마시고

b. 스트레스

가슴의 중앙을 엄지로 누르고 떼었다를 3회 반복

c. 서서

배를 오른쪽으로 10회, 왼쪽으로 10회 문지른다.

⑤ 웃음

- 다이어트
- 주름 방지
- 엔돌핀 효과

(2) 마음을 바꾸자.

「분노」

① 이기주의적 성향
② 권위주의적 행동
③ 불만을 선동하는 경향
④ 업무 중 대화 중 사적인 감정 표출
⑤ 서비스맨은 억지로라도 재밌어야 된다.
⑥ 서비스맨은 억지로라도 행복해야 된다.
⑦ 서비스맨은 억지로라도 유머 있는 사람이 되야 한다.

(3) 방법을 바꾸자.

「모델을 선정, 차별화」

① 비결은 따라하기

- 고객의 얼굴(특히 외국인)표정→그 안에 풍부한 표정이 살아 있다. + α 고급스러움, 넘치는 친근감, 호감
- 사랑하는 사람의 얼굴(대상은 부모님, 남편, 아내, 애인) → 진심 + α 사랑이 담긴
- 아기 얼굴(조카, 자녀) → 온유, 욕심이 없다. + α 천사의 얼굴
- 동·남대문 시장에 가서 바쁘게, 힘들게 장사 하시는 분들의 얼굴 → 나보다 어려운 형편의 사람들을 보면서 남을 배려하는 마음 + α 따뜻함, 정직함, 인간미
- + α 자신만의 멋진 카리스마

Tip

고객이 나를 바라보는 눈 : 내가 고객을 바라보는 눈
(친근감 100%) ≦ ?
특히, 외국인 고객 200% 〈 최소 200이상이 되어야 고객은 자신을 환영한다고 느끼기 시작
ex) 고객은 로비를 거닐다 웃으며 당신을 쳐다보는데
→ 서비스 맨의 어두운 표정?
→ 무표정?
→ 뒤 늦은 표정?

② 고객을 식별하고 차별화된 표정 연출

식상한 표정, 획일적인 표정을 새로 디자인 하라.

a. 나라별

- 미국 : 밝은 미소, 긴장감, 매우 정중한 눈빛, 고객과의 거리 유지+친근감 넘치는
- 일본 : 동일+조심성(겸손)
- 프랑스 : 동일+가장 친근감이 넘치도록, 가장 풍부한 미소 연출 (Over)
- 중국 : 동일+신뢰감(정직)
- 독일 : 동일+자신감(완벽, 세련)
- 우리나라 : 동일 +적당한 미소(우아)

b. 연령별

- 할아버지 할머니 : 손자, 손녀 같은 → 해 맑은 눈
- 40, 50代 연령층 : 자녀, 은사님 대하듯 → 공손한 눈, 존경의 눈
- 20, 30代 연령층 : 선후배 관계처럼 → 친근한 눈
- 10,20代 연령층 : 그들의 문화를 존중하는 → 이해의 눈
- 10세 미만 : 이모, 삼촌, 친구, 유치원 선생님처럼 → 사랑의 눈, 보호의 눈, 과장된 눈

c. 성별

- 여성고객 : 남사원이 여자 고객을 보는 눈 → 예의 바른 눈 상쾌한 눈
- 남성고객 : 여사원이 남자 고객을 보는 눈 → 정갈한 눈, 섬세한 눈
- 여자, 남자고객이 동행
  → 남사원 : 남자 고객을 주로 응시 → 프로의 눈, 환영의 눈
  → 여사원 : 여자 고객을 주로 응시 → 프로의 눈, 배려의 눈
- 부모와 어린자녀 : 자녀 → 부인 → 남편 →관심의 눈

d. 상황별

- 안면이 있는 고객 : 아는 사람인 것처럼→ 가볍게 친근한 눈 ,적극적인 눈
- 단골고객이 일행과 함께 있을 시 : 고객님은 우리 회사의 최고의 VIP이십니다. 라는 마음이 전해지도록 → 열광하는 눈, 감사한 눈
- C/in시 : 끌어안아 줄 정도로 → 진심으로 반겨 주는 눈
- C/out시 : 눈물 연기가 가능 하도록 → 서운함과 아쉬움이 가득한 눈

e. 고객 특성별

말과 행동보다 더욱 조심해야한다.

· 장애가 있는 고객 : 장애인을 보는 눈으로 바라보지 않는다. 불편해 보이는 모든 부분을 이상한 눈으로 바라보지 않는다. 정상적이지 못한 몸의 움직임을 너무 주시한다든지

→ 신기해하는 눈

→ 불쌍하게 바라보는 눈

→ 안타까워하는 눈 은 절대 금물

→ 일반고객을 바라보는 똑같은 눈

• VIP고객 : 필요이상의 것은 절대 금물

→ 적당한 거리에서 전체를 볼 줄 아는 눈

• 컴플레인 고객 : "모두가 다 저의 잘못입니다."

→ 반성의 눈

→ 사죄의 눈

f. 업장별

• 객실팀

VIP 맨션

이그제큐티브 클럽

콘도

스텐다드

빌라

• 식음료팀

VIP Lounge

Lounge

블란서 식당

한식당

일식당

중식당

뷔페식당

백화점

일반 미용실

[5] 나의 Smile Check List

(1) 이것은 여러분의 웃는 얼굴을 알아두기 위한 '스마일 테스트'이다.

21가지 질문을 보고 예 아니요로 대답해 보자

① 당신은 자신의 웃는 얼굴이 마음에 듭니까?
② 당신의 웃는 얼굴에 대해 고객의 칭찬을 받은 적이 있습니까?
③ 당신은 웃었을 때 자신의 입매와 이에 자신이 있습니까?
④ 당신의 치아는 하얗게 윤이 나고 있습니까?
⑤ 웃을 때 입에 손을 대는 버릇이 있습니까?
⑥ 사진 찍을 때 자연스런 웃는 얼굴을 취할수 있습니까?
⑦ 웃는 얼굴은 건강을 위해 좋다고 생각합니까?
⑧ 자신의 웃는 얼굴을 바꾸고 싶은 생각이 있습니까?
⑨ 웃을 때 몸이 흔들리지 않습니까?
⑩ 몸을 꼬며 뒷짐을 지지 않습니까?
⑪ 밝고 상쾌한 표정 입니까?
⑫ 얼굴 전체가 웃는 자연스러운 미소입니까?
⑬ 쉽게 표정이 굳어지지는 않습니까?
⑭ 업무가 바쁠 때도 미소를 잃지 않습니까?
⑮ 미소를 통해 자신의 마음을 Control 할 수 있습니까?
⑯ 부드러운 미소를 연출하고 있습니까?
⑰ 돌아서는 뒷모습에도 웃는 표정을 유지하고 있습니까?
⑱ T. P. O에 맞는 표정을 짓고 있습니까?
⑲ 고객을 바라보는 얼굴에 항상 미소를 담고 있습니까?
⑳ 웃을 때 혀를 내밀지 않습니까?
㉑ 생기 넘치는 미소를 연출하고 있습니까?

(2) 나의 개선할 사항은?

* 나의 개선할 사항

[6] 다시 한번 생각해 봅시다.

① 표정〉태도〉말

표정(×)말(○)→가식 표정(×)태도(×)→정중(×) 표정(×)태도(○)→형식 남이 봐도 손색없을 정도(×) 남이 감탄할 정도의 프로다운 미소, 이미지 (○) 남이 따라오지 못할 정도(○)

② 서비스 맨의 눈빛

- 나는 프로입니다, 고객님에 비해서는 정말 부족한 것이 많은 사람입니다. (겸손함)
- 고객님 참 영광스럽겠군요. 나에게 서비스를 받게 되어서(자심감)
- 고객님 내일 아침 로또사세요.
- 예전엔 경관이 좋고 조용해서 이곳을 찾았었는데, 열정적으로 서비스 해준 --- 님 이 그리워서, 보고 싶어서 오겠습니다.

  → 고객님의 마음을 담보로 잡을 수 있는 (프로의 능력)

어머니와 같은 마음(○),어머니와 같은 눈빛?(×) 갓난아이와 같은 눈빛(○),갓난아이와 같은 마음?(×)

③ 다양한 표정 연출 바로 실천하기

- 주머니에 손을 넣거나 불량한 태도는 버리자 → 긴장감
- 다소 정서적으로 산만한 성격을 잘 활용하자 → 쾌활, 적극적인 태도
- 칭찬하는 습관을 가집시다.
- 남녀사원모두 얼굴을 깨끗하게 함과 더불어 여성의 경우 화사함과 동시에 유행에 따르는 메이크업 보다는 미소를 살릴 수 있는 메이크업을 합시다.
- 친근감
- 관심
- 환영
- 공감
- 유머를 발휘하여 주위사람을 웃겨보자

[감동+α] 고객을 '껄껄껄' 웃게 만들자 그 이상의 고객감동은 없다.

4. 현재 자신의 외형적인 모습은? ☺ 😐 ☹

[1] 목 적

① 객관적인 나의 모습을 파악
② 다른 사람의 조언을 듣기위해 청취
③ 개선할 수 있는 점들을 추출

[2] 방 법

① VTR촬영, 캠코더를 이용하여 자신의 모습을 촬영
② 주위 동료들과 함께 시청
③ Feed Back을 통해 문제점을 발견

5. 좋은 이미지 연출법

자신의 이미지를 좋게 부각시키려면 자신의 개성을 시간(Time).장소(Place).상황(Occasion)에 부합되게 최대한 연출시키려는 노력이 있어야 한다.

(1) 자신이 원하는 이미지 모델을 선정하여 이미지 연출을 연습한다.

(2) 시각적 연출을 위해 노력한다.

① 표정

② 차림새

③ 용모

④ 자세

⑤ 행동+ α 자신감, 여유

(3) 내면의 이미지 계발에 노력한다.

① 인간미

② 도덕성

③ 관심

④ 정성

⑤ 신뢰

⑥ 동감

⑦ 겸손

⑧ 원만

⑨ 에티켓

(4) 자기 자신을 계발하는 것은 더 없이 중요하다.

① 자기 자신의 계발 진행 순서

- 자신의 현재와 장래를 예측 · 분석한다.
- 자기계발의 계획을 수립한다. (장점을 강화, 단점을 보완, 기대목표 수준을 설정)

- 계획을 끈기 있게 실행한다.
- 실행의 발자취를 점검한다. (일지를 쓰는 것은 좋은 반성의 방법)
- 재추진

② 자기계발 계획 수립의 주의 사항
- 과거의 경험, 자신의 능력을 파악
- 주위 동료들과의 대인관계를 의식
- 직업의식과 책임감을 의식

③ 자기 자신의 계발
- 자신의 계발은 성장을 위한 지름길
- 목표, 계획을 수립, 실천하고 끊임없이 노력

④ 자기계발계획의 실천을 통한 확실한 성과를 올리기 위해서는
- 자진해서 하려는 의욕
- 실천하기 쉬운 것부터 시작
- 시간활용
- 기회를 잘 활용
- 끝까지 최선을 다하는 자세

⑤ 성과를 올리기 위한 구체적 방안
- 자기 자신을 사랑
- 자기 자신을 신뢰
- 넘치는 자신감
- 적극적사고 - 소극적 사고로 ,부터 전환, 긍정적, 적극적, 미래지향적인 태도
- 자기관리 - 인격적인 면의 자기관리와 직능적인 면의 자기관리
- 건강관리 - 정신적 건강(스트레스 제거)과 신체적 건강
- 여과선용 - 내일을 위한 일의 능률과 자기완성에 있어서 가장 필요한 삶.
- 시간관리 - 시간을 전략적으로 활용
- GLOBAL마인드
- 창조

(5) 5 STEP OF SUPER IMAGE MAKING(슈퍼이미지 메이킹의 5단계)

① KNOW YOURSELF (자신을 알아야 한다)

② DEVELOP YOURSELF (자신을 계발해야한다)
③ PACKAGE YOURSELF (자신을 포장할 줄 알아야 한다)
④ MARKET YOURSELF (자신을 잘 판매해야 한다)
⑤ BE YOURSELF (침착해야 한다)

(6) 슈퍼 이미지 메이킹의 효과

① 고객에게 호감을 주는 궁극적인 효과
② 자신의 이미지를 좋게 만드는 효과
③ 기업의 이윤극대화의 목표달성 효과

6. 좋은 이미지 관리법?

(1) 긍정적
(2) 미소
(3) 머리 끄덕임
(4) 눈썹 치켜 올리기
(5) 눈 맞춤과 눈길

7. 나의 Image 지수는 Check

[1] Image A

- 현재 나의 이미지에 대해 만족하는 편이다
- 나에겐 뚜렷한 희망과 목표가 있다
- 나쁜 습관보다 좋은 습관이 많다
- 고객이 나를 어떻게 생각할까 늘 의식한다.
- 매사 긍정적, 적극적
- 나는 감정적이기 보다 이성적

- 서점에 가면 꼭 자기개발서나 성공스토리를 다루는 코너를 찾는다
- 잔잔한 클래식 음악을 들으며 책 읽는 것을 즐긴다.
- 각종 문화 행사에 대한 관심이 많아서 즐겨 찾는다.
- 분노를 느낄 때 심호흡을 하면 흥분이 가라앉는다.
- 눈치가 빠른 편이다
- 무력감과 우울증에 빠져 있는 시간이 짧다
- 자동차나 전철 속에서 성공한 미래의 내 모습을 자주 그린다.
- 매일 짧게 라도 명상을 한다.
- 고객과 만나는 것이 즐겁고 대인관계도 원만하다
- 남에게 말한 계획은 반드시 지키려고 노력한다.
- 항상 메모하는 습관을 가지고 있다
- 스트레스가 쌓이면 영화를 보거나 좋아하는 운동을 한다.
- 컴퓨터 앞에 앉아 있는 시간이 즐겁다
- 생각, 고민보다는 먼저 행동으로 옮긴다.
- 시간 약속을 잘 지키는 편이다
- 동료와 쓸데없는 수다를 떨고 나면 시간이 아깝다는 생각이 든다.
- 하루의 수면시간은 5시간 내외이다
- 내 사전에 심심하고 무료한 시간이란 있을 수 없다
- 나에겐 따라 하고 싶은 이미지 모델이 있다

[2] Image B

- 대체로 나의 외모에 만족한다.
- 거울이 있으면 습관적으로 몸 전체의 표정을 쭉 훑어본다.
- 나보다 매력적인 사람을 만나면 그 사람의 외적 이미지를 유심히 관찰한다.
- 평소 잘 웃는 편이다
- 고객을 처음 만날 때 웃으며 이야기 할 수 있다.
- 선배로부터 꾸중을 들을 때 멋쩍은 미소를 띤다.
- 고객 앞에 나서는 것이 결코 두렵지 않다
- 화장을 자연스럽게 잘하는 편이다(남자는 면도를 제대로 잘하고 다닌다)
- 얼굴에 트러블이 생기면 재빨리 진료를 받거나 조치를 취한다.

- 체중이 불어나면 그 즉시 식사량 조절에 들어간다.
- 피부색에 어울리는 컬러를 알고 체형의 결점을 커버하는 패션 감각을 가지고 있다
- 튀는 컬러와 스타일을 별로 좋아하지 않는다.
- 유니폼을 깔끔하고 단정하게 입을 줄 안다.
- 고객을 만날 때 지저분한 유니폼을 절대 입지 않는다.
- 헤어스타일을 단정, 품위 있게 유지하고 있다.
- 귀걸이, 목걸이, 반지, 팔지 등의 액세서리를 주렁주렁 착용하지 않는다.
- 자세는 구부정하지 않고 반듯하여 걸음걸이가 당당하다
- 몸짓과 제스처는 우아하고 품위가 있다
- 인사성이 좋고 친절하다.
- 고객을 배려하는 습관이 몸에 배여 있고 공중도덕을 잘 지킨다.
- 내 목소리가 고객에게 거부감을 주지 않는지 늘 의식한다.
- 교양 있는 말투로 겸양어를 자주 사용한다.
- 고객의 말을 잘 듣는 편이다.
- 대화를 할 때 고객의 눈을 쳐다본다.
- 음식을 깨끗하게 먹고 쩝쩝 소리 내지 않는다.

* 이미지 A그룹과 B그룹을 체크한 결과 당신에게 해당하는 항목을 각각 몇 개 씩 입니까?

그 개수에 해당하는 좌표에 점을 찍어 보세요.

예) 만약 내적 이미지(A)체크해본 결과 자신에게 해당되는 개수가 20개, 외적 이미지(B)체크해본결과 자신에게 해당 되는 개수가 15개인 경우 아래 그림과 같이 자신의 이미지 지수좌표는 (20,15)로써 1영역에 해당된다.

〈평가〉

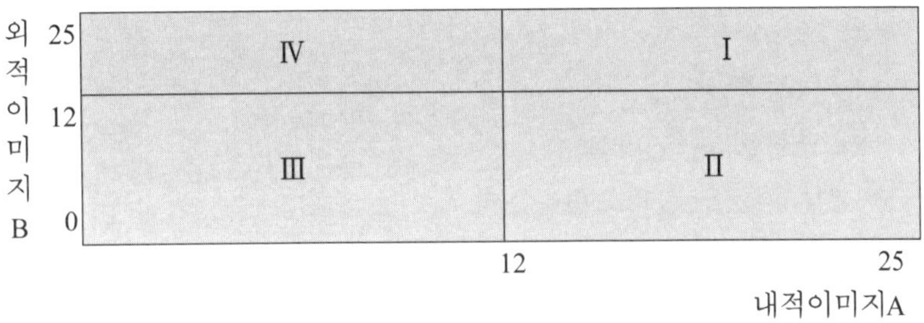

〈평과결과〉

여러분이 표시한 좌표가 해당하는 영역에 대한 평가 결과이다.

Ⅰ영역 : 당신은 내적 이미지와 외적 이미지 모두에 관심이 대단히 많은 사람이다. 또한 삶에 대한 의욕도 대단히 강한 편이다, 자신만의 개성을 지속적으로 잘 개발한다면 원하는 바를 무엇이든 이룰 수 있다

Ⅱ영역 : 당신은 내적이미지의 가치를 중요시 여기는 사람이다, 때로는 외적이미지를 추구하는 사람에게 우월감을 느낄 때도 있다. 그러나 당신은 생각을 바꾸지 않으면 안 된다. 당신은 스스로 이런 생각만 고치면 무엇이든 받아들일 수 있다 당신은 잠재력이 있는 사람이다. 지금부터 외적 이미지에 눈을 돌리면 빠른 속도로 외적 이미지의 개선 효과를 볼 수 있다. 당신의 지성에 걸맞은 외적 이미지기 구축된다면 당신은 너무나 매력적인사람이 될 것이다.

Ⅲ영역 : 당신은 외적 이미지와 내적 이미지모두 관심이 부족한 사람이다. 무슨 일을 해도 잘 되지 않는다는 패배의식을 가지고 있으며 자신감이 부족하여 매사에 소극적인 사람이다. 먼저 행동하면서 외적이미지를 구축해보자 어느새 내적이미지 마저 강화된 당신을 발견하게 될 것이다.

Ⅳ영역 : 당신은 외적이미지에 대한 관심은 많으나 자신에게 맞는 즉 만족할 만한 외적 이미지를 찾지 못하여 내적 이미지의 강화 효과를 보지 못하는 사람이다. 좀 더 전략적 차원에서 외적이미지를 추구할 필요가 있다 그러면 자신감을 끌어내어 점차 내적 이미지를 강화 할 수 있다 약간만 노력한다면 성공할 가능성이 높은 사람이다

8. 이미지 메이킹 바로 실천하기 ☺ 😐 ☹

1) 단정한 용모, 복장→ 최고의 전략

2) 관심표명→친근감

① 이름을 불러드린다든지

② 안부를 여쭙는다든지

3) 업무에 대한 전문가다움 → 신뢰감

4) 바쁘게 움직이는 모습 → 열정적

5) 예의바른 자세→ 호감

[감동+α]

프로는 고객을 식별할줄 알아야 하며 카멜레온처럼 재빠르게 자신을 변화 시킬 수 있는 다양한 이미지를 연출할 줄 알아야 한다.
그 위에 나만의 카리스마를 더하자.

바른 용모와 복장

고객의 눈에 제일 먼저 띄는 것은 무엇보다 종사원들의 복장과 용모이다. 단정하면서도 청결한 몸가짐은 그 사람의 인품의 표현이며, 예정에 있어서 기본이 된다. 그러므로 산뜻하고 정결한 복장과 빈틈없는 용모로 고객에게 항상 최고의 인상을 줄 수 있어야 한다.

근무에 임하기 전에 반드시 거울 앞에 서서 자신의 복장과 용모를 점검해야 하며 동료의 복장이나 태도에서 고객에게 불쾌감이나 저항감을 유발할 수 있는 점을 상호 지적하여 고쳐나가는 습관을 갖도록 한다. 품위 있고 단정하고 청결한 복장과 용모가 자신감 넘치는 서비스의 첫걸음이라는 것을 결코 잊지 말도록 하자.

1. 용모·복장의 중요성

단정한 용모와 복장은 상대에 대한 본인의 첫인상이며, 그에 따라 타인의 신뢰와 일의 성과도 좌우된다. 또한 본인에게 있어서도 상쾌한 기분으로 업무에 임할 수 있는 자세를 만들어 직장의 분위기를 명랑하게 만들어 준다. 고객을 만남에 있어서도 신뢰감을 주는 이미지를 형성하는 데 가장 기본이 되는 것이 복장 매너라고 할 수 있다. 물론 품위있는 용모와 복장이 되기 위해서 청결과 단정함은 기본적인 요소이다.

(1) 단정한 용모와 복장이 왜 필요할까?

① 나의 첫인상을 좌우하는 기준이다.
② 우리 호텔의 전체 이미지 결정에 크게 좌우한다.
③ 고객의 기분을 산뜻하게 만드는데 영향을 준다.
④ 매출과 직결된다.
⑤ 활기찬 직장 분위기가 조성된다.
⑥ 기분전환이 된다.
⑦ 용모 · 복장은 지업 의식으로 평가한다.

(2) 용모와 복장의 기본원칙

① 청결 : 항상 청결
② 기능 : 화려하지 않도록
③ 조화 : 전체적인 조화를 고려

(3) 유니폼의 영향

① 고객을 향한 존중의 표현을 의미한다.
② 어느 집단에 소속되어 있는지를 나타내 준다.
③ 직책에 대한 긍지를 심어준다.
④ 정해진 규율을 지킬 수 있도록 해 준다.
⑤ 직원들의 행동이 통일되도록 만들어 준다.

2. 고객을 맞이할 때의 바른 용모와 복장 ☺ 😐 ☹

[1] 남사원의 구체적인 용모·복장

① 용 모
• 두발

- 항상 짧고 단정하게 손질 하도록 한다.
- 귀를 완전히 노출시키고, 뒷머리가 드레스 셔츠의 칼라를 덮지 않도록 한다.
- 긴 머리나 스포츠형 머리, 퍼머넌트, 염색은 금한다.
- 일단은 꼭 가르마를 타야하며, 가르마를 중심으로 7 : 3이 되도록 헤어 제품(무스, 젤, 스프레이, 크림)을 이용하여 고정해야 한다. 지나치게 향취가 강한 포마드는 사용하지 않는다.
- 무엇보다도 앞이마가 완전히 드러나야 하며, 옆머리가 귀를 덮지 않도록 해야 한다.
- 뒷머리는 드레스셔츠 깃을 덮지 않도록 한다.

• 얼굴
- 수염은 매일 아침 깨끗이 면도를 해야 하며, 콧속 수염도 밖으로 나오지 않도록 자주 정리해 주어야 한다. (특히 야간 근무자들은 새벽에 자신의 얼굴 상태를 수시로 점검하는 것을 잊지 말아야 한다.) 전기면도기의 경우 간편하다는 장점이 있으나, 오랜 시간 깔끔한 모습은 유지하기 어렵다는 단점이 있다.
- 구레나룻은 귀 밑으로 내려오지 않도록 하고, 코밑수염을 기르지 않도록 한다.
- 얼굴에는 상처가 없어야하고, 반창고 등을 붙인 상태로 고객 앞에 나서는 일이 없어야 한다.
- 지나친 선탠이나 동상에 걸리지 않도록 유의한다.
- 향취가 너무 강한 화장품은 사용하지 않는다.

• 손과 손톱
- 손은 자주 씻어서 청결하게 관리한다. (특히 식음료를 서비스 하는 직원은 더욱 깨끗하게 유지해야 한다.)
- 손톱은 손톱의 흰 부분이 나오지 않도록 짧게 자르고, 손톱 밑이 지저분하지 않은지 항상 주의해야한다.
- 특정 손톱을 기르지 않는다. (새끼손가락의 손톱주의)

• 기 타
- 고객보다 고가품인 시계나 라이터, 만년필, 담배들을 사용하는 것을 피해야 한다.

- 식사 후에는 반드시 이를 닦아야 하며 입 냄새가 나지 않도록 적절한 조치를 취해야 한다.
- 근무 전에는 냄새가 강한 음식을 먹는 것을 삼가야 한다.
- 흡연 직후에 서비스할 경우에는 반드시 양치질을 해야 한다.
- 땀이 많이 나는 여름철에는 근무 시작 전 반드시 샤워를 하고, 평소에도 목욕을 자주하여 몸 냄새에 각별히 유의를 해야 한다.
- 땀 냄새가 많이 난다고 하여 지나치게 강한 향수를 사용하면 더욱 불쾌감을 유발할 수 있다.

② 복 장

• 유니폼

- 회사에서 지정한 유니폼을 단정하게 착용하도록 한다.
- 청결하고 항상 규정에 맞게 착용한다.
- 단추가 떨어져 있거나 바느질이 터진 곳이 업어야 하며 더럽거나 얼룩진 제복을 입지 않도록 한다.
- 먼지, 머리카락, 비듬 등이 어깨에 묻어 있지 않도록 하며 확인한다.
- 주머니에 물건을 많이 집어넣어 불룩해지지 않도록 조심하며, 필기도구를 상의 안주머니에 보관한다.
- 바지주름선이 두 개가 되지 않도록 깔끔하게 다림질을 한다.
- 어깨와 겨드랑이 부분에 주름이 생기지 않고 깔 하게 떨어지는 것이 본인에게 맞는 크기이다.
- 바지 길이는 구두 뒷부분의 절반내지 2/3 정도로 덮는 정도가 가장 적당한 길이이다.

• 셔츠

- 드레스셔츠는 항상 청결하고 다림질이 잘된 상태에서 착용한다.
- 특히 목 안쪽이나 소매 끝 안쪽의 청결에 유의해야 하며, 얼룩이 지지 않도록 한다.
- 셔츠는 목둘레 사이즈보다 20cm 큰 것이 적정사이즈다.
- 셔츠안의 속내의는 꼭 착용해야 하며, 흰색을 착용한다.
- 셔츠칼라가 재킷 칼라보다 1～1.5cm 정도 보이도록 입어야 한다.
- 드레스 셔츠 옷자락이 바지 바깥으로 나오지 않도록 주의한다.

- 재킷 폼은 주먹 하나가 들어갈 정도의 여유가 있는 것이 적당하다.
- 악수하듯이 손을 내 밀었을 때 셔츠의 소매 끝이 1~1.5cm 정도 보이는 정도가 좋다.

• 양복
- 유행에 너무 민감하고 튀는 디자인은 피한다.
- 감색이나 회색을 기본으로 하고 화려한 원색은 피한다.
- 바지는 줄이 잘 서야 한다.
- 바지의 길이는 구두 위에 가볍게 닿을 정도로 한다.
- 거래처의 방문이나 고객 응대 시에는 드레스셔츠 차림은 피한다.
- 명찰, 휘장은 정 위치에 부착한다.

• 넥타이
- 넥타이는 회사에서 지급한 것이어야 하며, 항상 깨끗하게 유지해야 한다.
- 매듭이 삐뚤어지지 않게 매야하고, 길이가 적당하지 살펴보아야 한다. (벨트 버클의 윗부분과 같은 길이)
- 넥타이를 맬 때에는 셔츠 단추를 맨 윗 단추까지 모두 잠가야 한다.

Tip

넥타이의 종류

· 레지맨틀 : 보통 2~3색을 이용한 넥타이로 영국 연대기의 줄무늬를 디자인한 것이다.
· 스트라이프 : 군기의 모습을 딴 것으로 일반적으로 가장 많이 착용되고 있다.
· 로얄 크레스트 : 타이 가운데에 스트라이프가 들어가는 것이다.
· 크레스트 : 클럽차이라고도 부르는 것으로 타이 가운데 문양이 들어있다.
· 플렛 : 작은 무늬가 있다.
· 도트(물방울) : 크기에 따라서 완전히 개성의 차이를 보인다. 일반적으로 도트는 쉽게 멜 수 없지만 상당히 세련된 무늬이다.
· 페이즐리 : 아메바 무늬라고 하는 다채롭과 복잡한 무늬이다.
· 솔리드(무지) : 단색의 넥타이로서 주로 공식석상 같이 품위있는 모임에 어울린다.

• 보우타이
- 보우타이를 맬 때도 매듭이 바르게 매어졌는지 확인해 본 후 삐뚤어지

지 않도록 맨다.

- 또한 보우타이에 얼룩이 지지 않았는지 꼭 확인해야 한다.

• 벨트

- 바지를 입을 때는 반드시 벨트를 착용해야 한다.
- 검정색상의 가죽 제품으로 통일한다.
- 버클장식이 요란한 것, 특정회사의 로고가 크게 보이는 것은 품위를 떨어뜨리므로 금한다.
- 벨트버클도 검정색으로 통일한다.
- 서스펜더를 착용할 경우에는 절대로 벨트와 동시에 해서는 안 된다.

• 명찰

- 명찰은 왼쪽 가슴 부분에 삐뚤어지지 않도록 반듯하게 패용하며, 고객이 이름을 볼 수 있도록 옷깃에 가려지지 않도록 한다.

• 양말

- 양말은 검정색, 혹은 곤색 등 유니폼보다 짙은 색으로 한다.

• 구두

- 구두는 회사에서 지급된 검정색을 신어야 하며 장식이 달린 구두는 허용이 안 된다.
- 항상 깨끗이 닦아 신어야 한다.

[2] 여사원의 구체적인 용모·복장

① 용 모

• 두발

- 본인에게 잘 어울리며, 깔끔하고 단정한 느낌을 주어야 한다.
- 단발머리나 컷트 머리의 경우 뒷머리가 어깨선에 닿지 않도록 자주 정리해 주어야 한다. 길이가 어깨선에 닿을 경우 반드시 묶어주어야 한다.
- 앞머리가 눈이나 얼굴을 덮지 않도록 깔끔하게 빗어서 뒤로 넘기고, 헤어제품이나 핀 등을 이용하여 고정한다. 특히 인사시 앞머리가 흘러내리지 않도록 해야 한다. 앞머리, 옆머리가 고정되어 있지 않으면 고객이 보는 앞에서 머리에 손을 대는 경우가 생길 수도 있기 때문이다. 단, 헤어제품을 사용할 경우 그 양을 너무 많이 사용하지 않도록 주의해야 한

다.

- 어깨선 이상의 긴 머리는 단정하게 하나로 묶고 검정색 그물망을 이용하여 고정시킨다.
- 머리를 묶을 때 이용하는 리본이나 앞머리를 고정하는 헤어핀 등은 검정색, 곤색, 밤색의 무늬나 장식이 전혀 없는 것을 사용한다.
- 퍼머 머리는 허용되지 않는다.
- 블리치(부분염색)도 금한다.
- 염색이나 코팅의 경우는 자연갈색만 허용한다.
- 지나치게 유행을 따르는 헤어스타일은 피한다.
- 가발 착용을 금한다.

• Make-Up

- 밝고 건강한, 자연스러운 메이크업, 고객에게 부드러운 인상을 주는 메이크업을 해야 한다.
- 펄이 지나치게 많이 들어 있거나, 너무 흐리거나, 검은색이 도는 색조화장은 하지 않는다.
- 너무 진한 화장도 곤란하지만, 전혀 화장기가 없는 맨 얼굴로 근무에 임해서도 안 된다.
- 향이 지나치게 짙은 향수나 화장품은 사용하지 않는다.
- 색조화장일 경우 색상 선택을 잘 하는 것이 매우 중요하다. 무조건 유행이라고 해서 따라 하기보다는 본인 피부색이나 유니폼 색상 등을 고려하여 어울리는 것으로 선택해야 한다. 사복을 입었을 때 어울리는 색상이라 하더라도 유니폼에 전혀 어울리지 않는 것을 종종 볼 수 있다. 따라서 우리 호텔의 유니폼 색상에 맞추어 지정된 아래의 색상 중 본인에게 어울리는 것으로 선택하도록 한다.
- 최소한의 메이크업이 최대의 효과를 내도록 노력해야 한다.
- Eye Shadow : 갈색, 산호색, 핑크색 계열(연두색, 초록색, 짙은 부루는 허용이 안 됨)
- Lip stick - 산호색, 선홍색, 와인색을 바르도록 한다.
- 은색펄, 블랙베리, 누드색, 짙은 갈색은 허용하지 않는다.

• 손과 손톱

- 손을 자주 닦아 청결에 유의하고, 향이 강한 로션은 사용하지 않는다.

- 손톱을 너무 길게 기르지 않도록 하고, 손톱 밑이 지저분해 지지 않도록 관리해야 한다. 손톱의 길이는 손톱 경계선에서 1mm로 정한다.
- 매니큐어는 바르지 않는 것을 원칙으로 하고 투명색만을 허용한다.

• 기타
- 식사 후 반드시 이를 닦아야 하며 입냄새가 나지 않도록 적절한 조치를 취하도록 한다.
- 고객 앞에 나서기 전에 냄새가 강한 음식을 먹지 않도록 한다.

② 복 장

• 유니폼
- 제복과 사복은 혼착 하지 않도록 한다.
- 단추가 떨어져 있거나 바느질이 터진 곳이 없어야 하며 더럽거나 얼룩진 제복을 착용하지 않도록 한다.
- 스커트 길이는 무릎 위 5cm로 규정사이즈를 지킨다.
- 먼지, 머리카락, 비듬이 있는 가 수시로 체크해야 한다.
- 명찰도 유니폼의 일부이므로 항시 윤이 나게 관리, 좌측 가슴에 반듯하게 패용해야 한다.
- 유니폼은 어떠한 장식도 해서는 안 되며 모양을 변형시켜서도 안 된다.
- 유니폼 주머니에는 업무에 꼭 필요한 것 이외에는 넣지 않도록 한다.

• 양장
- 여성의 복장은 지나치게 화려한 색상은 피하는 것이 좋다. 무늬가 없는 무지 천으로 된 옷을 입는 것이 무난하다.
- 양장을 할 경우, 사무실이나 공식석상에서는 지나치게 짧은 스커트를 입는 것은 피해야 한다.
- 항상 청결히 하며 단정하게 입는다.
- 소매는 깨끗이 유지한다.
- 소매를 걷어 붙이는 것을 피한다.
- 명찰은 정 위치에 부착한다.

• 블라우스
- 속이 들여다보이지 않게 한다.
- 속옷이 밖으로 나오지 않게 한다.

• 보우타이

- 보우타이를 맬 경우 비뚤어 지지 않도록 반듯하게 매며, 항시 청결한 것을 매도록 한다.

• 액세서리

- 시계는 남 · 녀 모두 항시 착용해야 하며 남녀무두 성인용에 한한다. (손목 밑으로 흘러내리는 시계, 플라스틱시계, 목걸이 시계나 반지는 금한다.)
- 또한 지나치게 고가이거나, 팔찌형은 착용하지 않는다.
- 액세서리는 옷을 돋보이게 하는 효과가 있다. 그렇지만, 유니폼의 경우는 무엇보다 단정한 것이 생명이므로 오히려 요란한 장신구가 유니폼의 아름다움을 방해 할 수도 있다.
- 너무 눈에 띄거나 화려한 장신구로 치장하지 않는 것을 원칙으로 한다.
- 팔찌, 발찌는 착용하지 않는다.
- 반지의 경우 커다란 보석이 박힌 화려한 모양이나 돌출형은 적당하지 않으며, 순수한 링으로 한 개만 착용하도록 한다.
- 목걸이는 유니폼 밖으로 보이지 않도록 해야 한다.(메달부착을 금함)
- 귀걸이는 한쪽에 한 개씩만 착용, 크기는 지름 5mm가 넘지 않으며 부착형만 허용한다.
- 안경 착용시 보편화된 형태의 안경테에 색이 없는 렌즈에 한한다.

• 스타킹

- 유니폼을 착용 할 때는 항상 스타킹을 신도록 한다.
- 무늬가 없는 옅은 커피색 계통의 스타킹을 착용한다.
- 줄이 나간 것이나, 스커트 밖으로 보이는 짧은 판탈롱 스타킹은 착용하지 않는다.
- 양말은 착용하지 않는 것이 원칙이다.

• 구두

- 검은색의 장식이 없는 깔끔한 구두를 신는다.
- 굽이 너무 높거나, 너무 낮은 구두는 적당하지 않다.
- 앞뒤가 막히고 단정한 펌프스 형을 신도록 하며 구겨 신지 않도록 한다.
- 뒷축이 지나치게 낡은 것은 보기에 좋지 않으므로 신지 않도록 한다.

3. 향수매너

아무리 훌륭한 복장과 아름다운 액세서리를 착용하였다하여도 몸에서 악취가 풍긴다면 아무소용이 없다. 좋은 옷을 입는 것도 중요하지만 옷과 몸의 청결도 매우 중요하다. 인간은 누구든 자신만의 고유한 체취를 갖게 마련인데, 사람들은 예로부터 체취를 없애거나 혹은 보다 매력적인 냄새를 풍기기 위하여 향수를 개발하는 데 많은 노력을 기울였다.

향수를 사용할 때 주의할 점은 우선 지나치게 많이 뿌려서는 안 된다는 것이다. 향수 원액은 휘발성 액체로 희석시킨 향수인 '오 드 튀왈렛'과는 달리 극소량만을 사용하여야 한다. 향수를 냄새가 진동할 정도로 뿌리면 오히려 역효과가 나기 십상이다. 화장을 가장 잘하는 방법은 화장했다는 인상을 전혀 주지 않는 것임을 잊어서는 안 된다.

다음으로 중요한 것은 이것저것 섞어서 사용하지 말아야 한다는 것이다. 동일한 향수만을 사용하여 자신의 독특한 체취로 이용해야 한다. 워낙 종류가 많아 비싼 향수들을 모두 구입하여 시험해볼 수는 없을 것이므로 우선 견본품들을 통하여 자신에게 적합한 향수를 선택하는 것도 한 가지 요령이다. 향수를 뿌리는 부위로는 겨드랑이나 귀의 뒷부분이 바람직하고, 손목의 맥박 부분도 좋다. 맥박이 뛸 때마다 은은한 향이 주변에 퍼져나갈 것이다.

향수는 일반적으로 '퍼퓸'이라 통칭하지만, 실은 향료 원액의 농도에 따라 그 종류가 다음과 같이 몇 가지로 분류된다.

① 퍼퓸(parfum)

고농도의 원액이 함유되어 있어 향수 중에서 향이 가장 풍부하며 지속 시간도 가장길다. 향수 사용에 익숙한 사람이나 수집가에게 적절한데, 대개는 소량에 고가의 제품으로 판매된다. 향이 매우 강하므로 극소량을 점을 찍듯이 포인트 부분에 발라 사용하는 것이 요령이며 외출 직전에 사용하는 것은 피한다.

② 오 드 퍼퓸(eau de parfum)

원액의 농도가 퍼퓸보다 낮고 오 드 투왈렛보다 높다. 따라서 향의 강도나 지속 시간도 이 두 향수의 중간 정도로 보면 된다. 퍼퓸에 가까운 풍부한 향을 원하지만 퍼퓸의 강한 향이 부담스러운 사람에게 적합하다.

③ 오 드 투왈렛(eau de toilette)

원액의 농도가 오 드 퍼퓸보다 낮은 향수로, 향도 더 가볍고 지속 시간도 더 짧다. 누구나 부담 없이 사용할 수 있는 향수로 가장 일반적으로 많이 사용되는 것이라 할 수 있다. 강한 향에 익숙하지 않은 한국인들이 무난히 사용할 수 있을 것이다. 투왈렛이라는 말만 보고 화장실에 비치하는 일이 없도록 주의할 것.

④ 오 드 콜로뉴(eau de cologne)

원액의 농도가 가장 낮고 알코올 함량은 가장 높은 향수이다. 따라서 향이 매우 가볍고 지속 시간도 제일 짧다. 은은한 향을 원하거나 향수를 처음 접하는 사람에게 좋다. 일반적으로 양에 비해 가격이 저렴한 편이다. 상쾌감을 주는 것이 목적이므로 샤워 후 전신에 발라 주거나 기분 전환을 위해 사용할 수 있다.

4. 나의 이미지 최종 점검

(남)

구분	체크항목	상	중	하
01	뒷머리가 셔츠 칼라를 덮지 않으며, 귀를 완전히 노출, 헤어제품으로 잘 고정되어 있습니까?			
02	매일 아침 깨끗이 면도를 합니까? 콧속 수염도 밖으로 나오지 않도록 잘 정리되어 있습니까?			
03	손톱은 짧게 자르고 깨끗한 손을 항상 유지합니까?			
04	식사 후 반드시 이를 닦습니까?			
05	목 안쪽이나 소매 끝 안쪽이 청결하며, 제복에 얼룩이 없습니까?			
06	단추가 떨어지거나 바느질이 터진 곳은 없습니까?			
07	바지의 주름선이 2개가 되지 않고 다림질이 전체적으로 잘 되어있습니까?			
08	셔츠안의 속내의는 흰색을 착용하고 있습니까?			
09	셔츠 옷자락이 허리 밖으로 흘러나온 채 다니지는 않습니까?			
10	넥타이, 보우타이는 청결한 상태로 반듯하게 착용하였습니까?			
11	명찰은 왼쪽 가슴에 반듯하게 패용하였습니까?			
12	검은 양말을 신고 계십니까? 매일 갈아 신습니까?			
13	구두는 매일 깨끗이 닦아 신습니까?			
14	야간근무자는 새벽에 자신의 용모·복장 상태를 재점검합니까? (충혈된 눈, 잠 잔 흔적이 남은 머리, 흡연 후 악취)			
15	유니폼을 착용한 상태로 영업장을 이용하는 경우가 있습니까?			

(여)

구분	체크항목	상	중	하
01	머리를 검정색 이외의 다른 색으로 연색하지는 않았습니까?			
02	어깨를 넘는 긴 머리는 검정색 그물망을 이용해서 단정하게 고정시켰습니까?			
03	헤어핀은 규정된 색의 것으로 착용하고 있습니까?			
04	밝은 분위기의 자연스러운 화장을 하고 있습니까?			
05	화장품이나 향수의 향이 지나치게 짙지는 않습니까?			
06	긴 손톱, 지나치게 유행을 따르는 너무 야한 매니큐어를 칠하지는 않습니까?			
07	식사 후 반드시 이를 닦습니까?			
08	단추가 떨어져 있거나, 바느질이 터진 곳이 없고, 얼룩이 없습니까? 다림질이 잘 되어있습니까?			
09	너무 눈에 띄거나 화려한 장신구를 착용하고 있지 않습니까?			
10	항상 스타킹을 착용합니까?			
11	스타킹은 흘러내리거나 줄이 가지 않은 규정된 것을 착용하고 있습니까?			
12	회사에서 지급한 구두를 신고 계십니까?			
13	구두는 매일 깨끗이 닦고 뒷굽이 벗겨지지 않은 상태입니까?			
14	유니폼의 아름다움을 방해 할 수 있는 요인들 재점검? (멋 내기 가발, 인조눈썹, 선탠, 색 있는 렌즈 착용, 전혀 화장기가 없는 맨 얼굴로 근무, 규정에 어긋난 유니폼)			
15	유니폼을 착용한 산태로 영업장을 이용하는 경우가 있습니까?			

인사 매너

인사는 예절에 있어 기본이며 단체 생활에서 인간관계의 시작이다. 서비스맨에게 있어 인사는 고객에 대한 도리로서 모든 것을 공경하고 모든 고객에게 감사하다는 감정의 외적 표현으로서 나타내는 것이다.

정중하고 예의가 바른 인사는 고객에게 호감을 주고 대화를 원만하게 해주며 관계를 더 욱 치밀하게 해주며. 진정으로 마음에서 우러나오는 인사가 바로 참된 인사이다. 인사를 더욱 돋보이게 하기 위해서는 무엇보다 환한 미소와 적절한 인사말은 필수이다

고객을 환영, 환송시 적절한 인사와 인사말에 의해 고객은 감동을 느끼고 돌아간다. 특히 환송시 효과적인 인사는 고객에게 호텔을 이용 시에 다소 불편 했던 점도 어느 정도무마 시키면서 다시금 호텔을 재방문 할 계기를 마련해 준다. 고객을 영접시 100% 만족시켰다면 마지막 환송인사에 그것의 100배의 노력을 더하라.

고객의 두 줄기 눈물을 기필코 뽑아내라.

1. 인사의 의미

[1] 인사의 정의

인사는 좋은 인간관계를 만드는 첫걸음이며, 사람을 사귀는 데 있어서 능동적인 작용을 하는 것이다. 그렇기 때문에 그사람과 친해지려면 우선 인사를 주고받는 매너가 좋아야 한다. 즉 인사는 많은 예절 가운데에서도 가장 기본이 되는 표현으로서 자신의 마음 속에서 우러나오는 존경심과 반가움을 나타내는 형식의 하나다.

① 인사는 상대방의 마음을 여는 열쇠다.
② 인사는 위아래의 구별이 없다.
③ 인사말은 상황에 맞게 한다.
④ 인사를 많이 하면 자신의 이미지가 좋아진다.

[2] 인사의 유래

① 원시시대에 상대를 해치지 않겠다는 신호로 손을 들었던 것에서 유래(현재 거수 경례)
② 손을 앞으로 하는 행위에서 유래(현재 악수)
③ 허리를 굽히는 행위에서 유래(현재 허리 굽혀 경례)
④ 섬김의 자세, 환영의 표시, 신용의 상징, 친근감의 표현

[3] 인사의 상징

① 고객에게는 신뢰를 상징
② 상사에겐 존경심 상징
③ 동료간에는 우애를 상징
④ 조직에게는 단합을 상징
⑤ 인관관계를 상징
⑥ 밝고 친근한 분위기를 상징

[4] 인사의 중요성

① 고객의 마음의 문을 여는 열쇠
② 고객에게 호감을 갖게 하는 최초의 행동
③ 자신의 인격 표현
④ 인사는 호텔 서비스의 기본, 척도
⑤ 인사 하나로 그 회사의 사활이 결정
⑥ 인사는 모든 사람과의 관계를 좋게 하는 계기
⑦ 인사는 언제 어디서 누구에게나 중요
⑧ 만남의 시작이자 끝
⑨ 일상생활의 가장 중요한 첫 번째 절차
⑩ 매너
⑪ 이미지 메이킹의 열쇠

2. 인사의 기본 요령

인사에는 지켜야 할 방법들이나 자세는 분명히 있다. 그러나 이러한 방법들이 절대적으로 사용되는 것은 아니다. TPO(때와 장소와 상황)에 맞는 인사를 해야 한다. 예를 들어 연세가 많으신 분들이나 어린아이에게는 정중하고 깍듯한 인사보다는 좀 더 다정다감하고 눈높이에 맞는 인사가 적당하겠죠.

① 눈인사(目禮)

길 또는 실내나 복도에서 사람을 자주 대할 때 하는 인사법이다. 앉아 있거나 서 있을 때, 또는 걸어갈 때 바로 그 자세에서 상체를 굽히지 않고 눈으로 예를 표하며 가볍게 머리만 숙이면서 부드러운 표정을 짓는다. 경우에 따라서 상상에게는 일어서서 목례로서 경의를 표하는 수도 있다. 또 자신과는 직접 관계가 없는 방문객이 돌아가려고 할 때, 앉은 자세 그대로 방문객의 인사에 응답하는 인사법이기도 하다.

② 약식인사(略禮)

가볍게 고개를 숙이는 정도로 예를 표하는 인사이다. 그러나 고개만 꾸벅하는 것은 올바른 방법이 아니며, 상대방에게 오히려 실례가 된다. 상대방의 눈을 보면서 15도 정도 머리와 상체를 가볍게 숙이고 1초 가량 예를 표한다.,

③ 보통 인사

우리의 일상 생활에서 일반적으로 가장 많이 행하는 인사법이다. 보통 윗사람이나 손님에게 한다. 상체를 30도 정도 숙여 그 자세를 2~3초 정도 유지한 후 고개를 든다. 남자는 팔과 손을 몸 쪽에 붙이고 하고, 여자는 앞으로 두 손을 모으면서 몸을 숙인다. 윗사람에게 인사할 때에는 2~5m 가량 앞에서 해야 하며, 너무 바짝 다가서는 것은 가는 길을 방해하는 경우도 있어 좋지 못하다. 인사할 때 숙인 상체는 상대방이 답례를 하고 난 뒤에 한 호흡 정도의 간격을 두고 천천히 일으킨다.

④ 정중한 인사

정중한 인사는 두 손을 앞 또는 몸 쪽에 가지런히 모으고 상체를 45도 가량 깊숙이 숙여서 하는 인사법이다. 정말 감사하거나 사죄할 때 윗사람이나 중요한 손님에게 하는 인사이다.

- 평상시 공수법 : 남자는 왼손이 위로 가게, 여자는 오른손이 위로 가게 두 손을 포개 잡아야 한다.
- 흉사시 공수법 : 흉사시에는 평상시와 반대로 남자는 오른손이 위로 가게, 여자는 왼손이 위로 가게 두 손을 포개 잡아야 한다.

⑤ 악 수

악수는 비즈니스 사회의 격식과 사람간의 친근한 정을 함께 담고 있는 인사법으로서 사회활동과 사교 활동의 문을 여는데 매우 중요한 행위이다. 서양에서는 악수를 사양하는 것을 실례로 여기므로 외국인과 만났을 때는 친분의 정도를 떠나 형식으로라도 그에 응해야 한다. 악수를 할 때에는 정중하고 경건한 마음으로 해야 하며, 자연스러운 표정의 바른 자세를 취하는 것이 중요하다.

Tip

악수의 유래

악수는 앵글로색슨계 민족들 사이에서 자연스레 생겨난 인사 방식이다. 남자들이 우호적 관계를 맺고 싶을 때 공격하지 않겠다는 뜻으로 오른손을 내민 것이 유래. 오른손이 곧 무기를 쥐는 손이기 때문이다. 따라서 지금도 악수는 특별한 장애가 없는 한 반드시 오른손으로 하는 것으로 되어 있다.

오른손에 물건을 들고 있을 때는 빨리 왼손으로 옮기거나 땅에 내려놓은 뒤 악수를 주고 받는다.
오른손에 물건이 있다 해서 왼손을 내미는 것을 대단히 큰 실례다

a. 악수하는 순서

원칙적으로 손윗사람이 아랫사람에게 손을 내밀게 되어 있으며

- 고객 → 직원에게
- 여성 → 남성에게
- 손윗사람(연장자) → 손아랫사람에게
- 선배 → 미혼자에게
- 상급자 → 하급자에게
- 국가원수, 왕족, 성직자등은 이러한 기준에서 예외 될 수 있다

b. 악수하는 방법

악수는 서로 마주서서 손을 잡고, 상하로 흔들어 움직이는 동작이다. 올바른 악수방법은 다음과 같다.

- 악수는 원칙적으로 오른손으로 한다.
- 아는 사람을 만났을 때는 악수에 대비해 오른손에 들었던 물건을 왼손에 고쳐 들고 왼손잡이도 악수는 오른손으로 하는 것이 예의이다.
- 손을 쥘 때 너무 느슨하게 쥐는 것은 냉담한 느낌을 줄 수 있고, 또한 스치듯 가볍게 쥐는 것은 상대방을 경멸하는 인상을 주게 된다.
- 악수할 때 가장 좋은 방법으로는 너무 세거나 약하지 않게 쥐어야 하지만,

남자들끼리는 오히려 힘을 주는 것이 좋다.

- 악수할 때 손은 상하로 가볍게 흔든다. 그러나 자신의 어깨보다 높이 올려 흔들어서는 안 된다.
- 남성은 악수할 때 장갑을 벗는 것이 예의지만 여성은 실외에서 악수를 하는 경우 반드시 장갑을 벗을 필요는 없다.
- 동양인 중에는 악수하면서 절을 하는 사람들이 꽤 많은데, 악수가 바로 서양식 인사이므로 절까지 할 필요는 없다. 두 가지를 함께 하려고 하면 비굴한 인사가 된다.
- 상대방이 웃어른이라면 먼저 절을 하고 난 다음에 어른의 뜻에 따라 악수를 하는 것이 순서이다.

Tip

나라마다 다른 인사법, 악수법

태국의 대표적 인사법 와이(wai, 합장이라는 뜻)는 생활 최고의 규범이자 존경 또는 고마움의 표시다. 상위자가 하위자의 와이에 응할 때엔 양손을 합장하되 머리는 숙이지 않는다. 같은 서열 사이의 인사인 경우에는 양손 끝이 목 근처로 올라오되 코 높이를 넘지 않도록 한다. 서열을 알 수 없을 때도 이 방법을 쓴다. 상위자에 대한 하위자의 인사에선 하위자가 먼저 합장하며 동시에 머리를 숙이는데 이때 손끝은 코 높이까지 올라온다.
포옹과 함께 볼에 입을 맞추는 인식은 라틴계나 슬라브계 민족의 전통적 인사법. 에스키모족은 서로의 뺨을 치는 것이 반갑다는 뜻이고 티베트인들은 자신의 귀를 잡아당기며 혓바닥을 길게 내밀어 친근감을 표시한다. 폴리네시아인들의 코를 서로 비벼대는 인사법은 제법 널리 알려져 있다. 악수 방법도 나라마다 조금씩 다르다. 미국인은 손을 힘 있게 쥐고 흔들며 손윗사람일 경우 격려의 뜻으로 손아랫사람의 어깨를 두드리기도 한다. 반면 유럽인은 상대적으로 손에 힘을 덜 준다. 같은 유럽 지역이라도 벨기에 인은 악수를 밥 먹듯 하는 편이지만 프랑스인은 너무 자주 하는 것을 비문화적이라 여긴다. 중남미 국가에선 여성과 악수할 때 손등에 입을 맞추는 경우가 적지 않다.

⑥ 명 함

인맥관리의 첫걸음이 바로 명함을 주고받는 행위이다. 명함을 주고받는 행위는 차후 다시 만날 수 있는 좋은 기회를 얻게 된다. 하지만, 명함에 낙서를 하거나, 명함에 꾸기거나 해서 명함 교환 방법까지도 모르는 사람이 많은 것 같다.

처음 비즈니스로 만났을 때는 일어서서 악수로 인사를 많이 한다. 악수는 당신에게 적의가 없음을 나타내는 의미에서 시작하여 결속을 의미한다. 악수할 때는 적당한 힘을 주어서 상대방으로부터 스킨십을 통해서 친근함을 표현할 수 있다. 악수를 청할 때는 윗사람이 먼저 청하는 것이다.

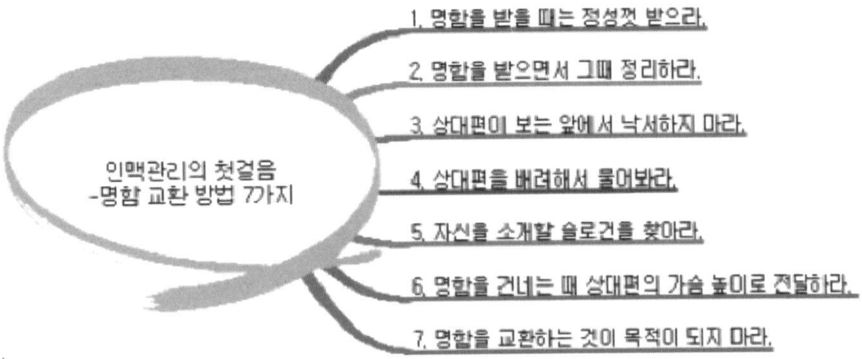

a. 명함을 주는 방법

- 손아랫사람 → 손윗사람에게
- 소개의 경우 → 소개 받은 사람부터 먼저
- 방문한 곳에서는 → 상대방보다 먼저
- 명함 드릴 때 인사, ○○○ 회사에 ○○○입니다.
- 두 손
- 왼손을 받쳐 오른손으로 건네되 자기의 성명이 상대 쪽에서 보아 바르게

b. 명함을 받는 방법

- 일어서서 두 손, 반갑습니다, 한마디 덧붙임
- 상대의 회사명, 직위, 성명확인
- 이름이 읽기 어려운 한자의 경우 물어 확인
- 명함을 동시에 주고받을시 오른손으로 주고 왼손바닥으로 받아 오른손 바닥으로 받쳐 들고 인사

c. 명함 교환시 금기사항

- 명함을 받을 때는 정성껏 받으라.
  인사를 하고 난 후 명함을 주고받는 것이 좋다. 굳이 명함을 받는 순간 두 손으로 떠받듯이 받지 않아도 된다. 왼손으로 받되, 오른손으로는 같이 주고받는 것이 자연스럽다. 악수와는 반대로 아랫사람이 먼저 건네는 것이 예의에 맞다. 하지만 여러 사람이 함께 주고받을 때에는 가장 지위가 높은

사람이 먼저 건넨다. 명함을 받을 때 유의해야 하는 점은 정성을 다해 받는 자세이다. 상대편의 명함은 당신에게 주는 기회의 선물이라고 생각하라.

- 명함을 받으면서 그때 정리하라.

명함을 꺼낼 때에 지갑이나 수첩에서, 또는 주머니에서 꺼내는 것 보다는 명함집에 넣고 다니는 것이 좋다. 명함을 받아서 너무 유심히 명함을 쳐다보기 보다는 간단히 훑어보고 자신과의 연관성을 생각한다. 나중에 직업별, 업무별, 개인별 등 용도에 맞게 명함을 분류해서 보관하는데 유리하다.

- 상대편이 보는 앞에서 낙서하지 마라.

인맥관리를 한다고 상대편이 보는 앞에서 명함에다 낙서를 하는 분도 가끔 본다. 상대편에게 물어보지 않고 낙서를 하는 것은 결례일 수 있으므로 유의해야 한다. 아무리 인맥관리가 중요하더라도 매너에 어긋난 인맥관리란 존재할 수 없다.

- 상대편을 배려해서 물어봐라.

명함을 주고받는 태도 하나하나가 당신을 판단하는 기준이 될 수 있다. 원칙을 중요시하되, 상대편을 배려하는 것이 매우 중요하다. 가끔 명함을 받고는 한자나 영어로 써서 이름을 잘 모르는 경우도 있다. 그럴 경우에는 상대편에게 양해를 구하고 물어보는 것이 좋다. 또한 악수를 싫어하는 사람에게 손을 내미는 것도 별로 좋지 않으니 꼭 의향을 물어봐라.

- 자신을 소개할 슬로건을 찾아라.

자신의 이름과 소속 회사를 밝힌다. 자신감 있는 목소리로 자신을 소개할 문구를 생각하는 것이 좋다. 자신이 맞는 슬로건을 찾는 것이 제일 중요하다. 필자의 경우, "언제나 도와드릴 당신이 있어 행복합니다. OOO입니다." 라고 소개한다면 명함을 받는 사람이 호감을 가질 수도 있을 것이다.

- 명함을 건네는 때 상대편의 가슴 높이로 전달하라.

상대편에 같은 위치에서 상대편의 가슴 높이로 이루어지는 것이 좋다. 제스처 역시 가슴높이를 벗어나게 되면 위압감이나 불편함을 줄 수도 있으니 유의해야 한다. 상대편으로 하여금 편안한 자세를 유지시키는 것이 중요하다.

- 명함을 교환하는 것이 목적이 되지 마라.

어떤 사람은 이야기도 없이 명함만 달랑 받고 사라지는 사람이 있다. 명함을 주는 것은 서로 연락을 해도 좋다는 승인의 행위이다. 언제 어떤 이유로 만났는지, 상대방의 인상과 특기 등 자세한 부분을 기억했다가 정리하라. 인맥관리의 첫걸음은 명함을 받는 행위에 머물지 말고 그 사람이 어떤 사람인지를 기억하는 것이다. 소중한 것을 베풀 줄 아는 미덕에서 출발해야 한다는 것을 명심하라.

• 명함교환시 주의사항

-이리저리 명함을 찾는 행동
- 구겨지거나 지저분한명함
- 성명을 밝히지 않고 건네는 행동
- 앉은 채로 명함을 건네는 행동
- 상대방의 명함을 가지고 손장난 하는 행동
- 상대방의 명함을 가지고 낙서하는 행동
- 받은 명함을 바지 뒷주머니에 넣는 행동
- 이름을 잊어 명함을 다시 꺼내 보는 행동

Tip

명함의 유래

명함 사용의 시초로 추정되는 중국에서는 그 사용용도가 달랐다. 중국인들은 아는 사람은 집을 방문했을 때 상대방이 부재중이면 이름을 적어 남겨두었는데 채륜이 종이를 발명한 시점이 AD105년임을 감안하면 중국인들이 사용한 그것이 오늘날 명함의 용도와 일치하는지 확인할 수는 없다.
독일의 경우도 중국과 비슷한 용도로 16세기경 이름을 적은 쪽지를 사용했으며, 이와 용도가 다르지만 프랑스는 루이 14세 때부터 명함을 사용했다고 알려져 있다. 명함이 사회생활에서 매우 중요한 역할을 하는 일본의 경우 최초로 명함이 사용된 때는 1854년 에도막부의 관리가 방일한 미국 사절단에게 자신의 지위와 이름을 적어 건네준 때로 거슬러 올라간다.
우리나라 최초의 명함 사용자는 한국인 최초의 유학생인 유길준으로 현재 미국의 메사추세츠 주의 세일럼 시피바디에섹스 박물관에 보관되어 있다

3. 고객을 감동시키는 인사법 ☺ 😐 ☹

[1] 고객의 마음을 여는 인사요령

① 인사 전에

- 가능한 고객에게 한두 발 다가서며 인사(친근감과 환영의 표시) '안녕하십니까? 어서 오십시오.'
- 고객과 먼저 Eye Contact을 한 후 인사(관심의 표시)
- 인사말은 '솔'음으로 경쾌하게 발음(상냥함의 표시)
- 인사시 정지자세 (정중함의 표시)
- 하다가 마는 인사, 아무런 동작이 없이 말로만 하는 인사 또는 말없이 고개만 꾸벅이는 인사는 역효과
- 환영보다 환송인사가 훨씬 더 중요하며 정중한 환송인사로써 서비스의 마무리

② 인사 후에

- 고객은 언제 어느 때 어디서 우리를 보고 있을지 모르기 때문에 인사 후에 항상 예의 바르고 정중한 자세를 유지하는 것이 중요하다.

③ 외국인의 인사

a. 우리나라

- 목 인사
- 어깨인사

b. 일본

- 허리로 인사
- 오만한 사람 「허리가 높다」
- 겸손한 사람 「허리가 낮다」
- 어떤 사람이 중요한 자리에 올랐을 때 일본신문들의 프로필 기사에는 「그는 누구보다도 허리를 낮게 굽힌다.」는 표현을 씀
- 사람들이 만나서 얘기하고 헤어지면서 서로 몇 번씩이나 허리를 낮게 굽혀 인사하는 모습을 어디서든 보게 된다.
- 도심의 횡단보도위에서, 만원 지하철 속에서도, 음식점에서도, 시골의 들녘

에서도 그것은 너무도 일상적인 장면이다

- 일본인들은 허리를 굽히는 각도와 횟수를 놓고 내심 상대와 경쟁하는 것처럼 비치기도 한다. 횟수와 각도에서 생대보다 허리를 덜 굽히는 것은 실례라고 여기기 때문이다.
- 일본인의 인사의 각도는 보통 인사 허리를 15도, 작별 할 때는 30도, 사과할 때는 45도 굽히는 것으로 되어 있다.
- '미안합니다. 안녕하세요.' 라고 할 때 허리를 굽히는 각도가 분명히 다르다.
- 엘리베이터 걸 기초교육 실시할 때 '허리를 30도' 굽히라고 가르친다.
- 상사가 부하 직원에게 사과 할 때, 심지어 아버지가 아들에게 사과 할 때도 일단은 허리를 깊게 숙여 보인다.
- 인사의 각도는 지금도 살아 있다

④ 습관화된 인사

- 성격을 → 밝게 해주고
- 소극적인 → 사람 적극적으로
- 정적인 사람 → 동적으로
- 우울한 사람 → 명랑한 사람으로
- 꽉막힌 사람 → 탁트인 사람으로

⑤ 칭 찬

[2] 올바른 인사법의 Key point

잘못된 인사	올바른 인사
한결같은 인사 망설이다가 하는 인사 고개만 까딱이는 인사 무표정한 인사 눈 맞춤이 없는 인사 동작 없이 말로만 하는 인사 기본 인사말만 하는 인사 고객의 차림새에 따라 차별하는 인사	T.P.O에 적절한 인사 인사는 내가 먼저 최대한 표정을 밝게, 친근감 있게, 인사말 한마디 고객의 시선을 바라보며, 미소 최대한 밝은 목소리의 상쾌한 인사말 허리를 굽혀서(정성을 담아서)정중 인사를 잘 받는 것은 또 한번의 인사 어떤 고객에게나 늘 친절한 인사

[3] 인사 check list

항상 그렇다 : 10점 / 때때로 그렇다 : 5점 / 전혀 그렇지 않다 : 0점 당신의 점수는 ?

항목	점수
1) 아침에 '안녕하십니까?'하고 가족, 동료나 상사에게 밝게 말을 걸고 인사를 합니까?	
2) 가정에서 '다녀왔습니다' '다녀왔습니다' '다녀오겠습미다'라고 밝게 인사를 하고 있습니까?	
3) 이웃분이나 아는 분과 스쳐지나갈 때 미소 지으며 인사하거나 미소 띤 얼굴을 하고 있습니까?	
4) 사람사이를 지나갈 때 '실례합니다"라고 정중하게 양해를 구합니까?	
5) 엘리베이터에서 먼저 탔을 때 '몇 층까지 가십니까?'하고 층을 눌러주십니까?	
6) 상대에게 사소한 것이라도 도움을 받았을 때 '감사합니다'라고 곧잘 마음의 표현을 합니까?	
7) 길을 가다 모르는 사람과 부딪혔을 때 '죄송합니다'라고 사과를 합니까?	
8) 실수한 부분에 대해서는 "죄송합니다'라고 솔직하게 말 할 수 있습니까?	
9) 누군가 불렀을 때 상냥하게 '네'라고 대답 할 수 있습니까?	
10) '잘 먹겠습니다' ;잘 먹었습니다'라는 말이 생활화 되어 있습니까?	

[4] 인사말과 인사요령

단순히 고개가 아닌 허리를 굽혀 인사하는 것은 잘 알고 계시고 바로 기본이지만 더더욱 중요한 것은 상대방에게 관심을 갖거나 호감을 일으키는 인사말이다. "안녕하십니까!"도 좋지만 "날씨가 좋습니다. 안녕하셨어요?" 아니면 "안녕하십니까! 감기는 좀 어떠세요?" 등의 인사말을 "안녕하십니까!"하는 말 앞뒤에 관심과 배려가 가득 배어 나오는 인사말을 첨가하시면 더더욱 상대방은 자신을 기억해 주었다는 이미지를 갖게 되거나 편안함을 느낄 것이다.

그리고 정중한 인사자세는 달려오거나 걸어오면서도 상대방과 시선이 마주쳐서 서로가 불편하지 않을 거리라면 잠깐 멈추어서 인사를 하시는 모습이 아주 간단하지만 정말 프로다워 보인다는 것 잊지 말아야 할 것이다.

① 인사는 환영과 존경의 표현이며 내 인격의 표현이다.

- 인사는 고객관계의 첫걸음이이며 서비스 인의 의무이며 나아가 기업과 나의 이미지를 판가름 하는 기준이 된다. 인사성이 밝지 않은 사람이 서비스를 제대로 하는 경우는 드물며, 인사성이 밝은 서비스 인이 불친절한 경우는 찾아보기 힘들다. 또한 서비스는 단순히 아는 척하는 동작이 아니며 서비스의 첫 동작이자, 마지막 행동이다.
- 인사는 상황에 따라 허리를 숙이는 각도나 정도가 다르다. 각도를 정확히 숙이는 게 중요하느냐? 라고 할 수도 있겠지만 허리의 각도는 공손함과 정중함과 존경의 표현이다. 어떤 사람은 애써 한 인사를 상대가 안 받아 줄까봐 또는 쑥스럽다는 이유로 인사하기를 머뭇거리는 경우도 있는데, 인사는 하는데 목적이 있는 것이지 서비스 인으로써 상대가 인사를 제대로 받아 줄 것인지 아닌지를 걱정하는 것은 서비스 인의 의무 밖의 일이다.
- 만남이 인간관계의 첫 신호이며 고객을 환영하는 표현이다.
- 상대에게 나와 호텔의 이미지를 심어 줄 수 있는 수단이다.

② 인사의 5대 POINT

예의 바르고, 정중한 동작도 물론 중요하지만 고객과 눈이 마주치기 전에 내가 먼저 하고 상황에 맞는 인사말과 밝은 표정과 명랑한 목소리 도 함께 이루어져야 한다는 것을 명심해야 한다.

1단계 : 고객을 향해 기본자세로 바로 선다.(가슴과 등은 곧게 편다)

2단계 : 시선은 상대와 맞추고 미소를 띤다.

3단계 : 미소 띤 얼굴로 상대방에게 인사말과 함께 상황에 "S는 각도로 상체를 숙이고 1초간 멈춘다.

4단계 : 천천히 허리를 펴고 상대와 눈을 맞춘다.

5단계 : 마지막 까지 고객을 향한 미소는 잃지 않는다.

③ 상황에 맞는 인사말

a. 출근시 : 안녕하십니까/안녕하세요? 좋은 아침입니다.

퇴근시 : 먼저 실례하겠습니다. 내일 뵙겠습니다.

(받는 쪽) 수고하셨습니다. 안녕히 가십시오.

b. 맞이시 : 안녕하십니까? 어서오십시오!
배웅시 : (찾아주셔서) 감사합니다. 안녕히 가십시오.
첫대면시 : 이렇게 만나뵙게 되서 반갑습니다.꼭 뵙고 싶었습니다.. 앞으로 자주 뵙겠습니다. 잘 부탁 드리겠습니다.

c. 시간(시기)에 따라 : 편안한 저녁 되십시오. 즐거운 주말(연휴) 보내십시오.
식사시간 : 맛있게 드십시오.즐거운 식사시간 되십시오. 점심 맛있게 드셨습니까?

d. 부탁시 : 바쁘시겠지만/번거로우시겠지만/죄송합니다만…부탁드립니다.
(처리후) 고맙습니다. 수고하셨습니다.

e. 외출시 : 다녀오겠습니다. …시경까지 들어오겠습니다.

f. 기 타 : 의, 식, 주, 교통, 날씨, 건강, 칭찬, 관심 등의 친근한 인사의 표현

※ 일상생활에서 사용하는 다양한 인사말은 고객응대시엔 고객과의 인간관계를 좋게 유지하게 하는 긍정적인 효과가 있으며, 직장동료나 선후배 사이에서는 직장에서의 기본적인 에티켓을 표현하는 수단입니다.
상황에 맞는 적절한 인사말로 우리의 서비스를 보다 세련되고 적극적으로 만들어 보지 않으시겠습니까?

④ 상황별 인사의 종류

구분	특 징	상 황	인사의 속도
15도	-가벼운 목례 개념 -기본적인 예의 표현	-주문요구에 대한 답례 -고객이 부탁을 할 때 -고객의 이야기를 들어줄 때 -고객을 기다리게 할 때 -금전 수수시	천천히 굽히고 잠시 멈춘 뒤 천천히 편다. 주의 : 허리를 펼 때의 속도는 내려 갈 때보다 두 배 늦게 허리를 편다.
30도	-고객에 대한 정식 인사 -정중한 표현	-방문 한 고객에게 감사 및 배웅 인사	1.굽힌다. (1초) 2.정지한다. (1초) 3.천천히 편다. (2초)
45도	-고객에 대한 강한 정중한 표현 -감사를 표할 때 -사죄 할 때 -귀빈이나 VIP 고객	-고객에게 사과 할 때 -고객이 오래 기다렸을 경우	1.굽힌다. (1초) 2.정지한다. (1초) 3.천천히 편다. (2초)

4. 인사 바로 실천하기 ☺ 😐 ☹

① 인사 시 허리를 굽히는 인사

② 반드시 적절한 인사말을 동반

③ 인사말은 솔 음 정도의 밝고 힘찬 목소리

④ 고객과 Eye Contact을 하면서 인사

⑤ 앉아서 근무하는 직원이라도 고객 환영, 환송 시 반드시 서서 인사 후 앉아서 업무처리

⑥ 고객이 다가 올 때까지 기다리지 말고 고객에게 한두 발 다가서며 인사

⑦ 인사 시 미소는 필수

⑧ 고객은 언제 어느 때 어디서 우리를 보는지 모르기 때문에 인사 후엔 항상 정중한 자세유지

⑨ 특히 호텔리어의 인사

- 절도 있고
- 정중한 인사

> [감동+α]
>
> 환송 시 고객의 가슴에 이름 석자를 반드시 새겨 줘라.
> 우리 이다음에 또 ....

5. 다시 한번 생각해 봅시다. ☺ 😐 ☹

상사와 인사를 나누고 급히 움직이는 인사	상급자가 지나간 후에 움직이는 인사
형식적인 인사 하다마는 인사 얼굴을 빤히 보고 하는 인사 턱을 쳐들고 눈은 치켜뜨고 하는 인사 인사말이 분명치 않고 어물거리는 인사 급히 하는 인사 뒷짐을 지고 하는 인사 긴 머리로 얼굴을 덮거나 바로하기 위해 머리를 흔드는 인사 다리를 벌리고 하는 인사	상황에 맞게, 정성을 담아서
응대어 생략 최소한 응대어를 흐리는 끝까지 지나치게 정중한 인사 가식적인 정중한 인사 기본이 없는 기계적인 인사 인사기술이 익숙해져 관습적이 되면 환송을 대충하는 인사	기본 접객용어는 반드시 사용 단정하게 말하는 습관 헛 인사가 될 수 있다. 고객에게 통하지 않는다. 기본은 지키며 친근감 넘치는 마음에 담겨져 있는 인사 고객에게 차가운 인상 환송인사의 비중을 두어 재방문 유도

훌륭한 화법 전략

프로서비스 맨 일수록 고객과의 대화를 쉽게 여기는 서비스 맨은 아마 없을 것이다. 우선적으로 고객 앞에서 자신 있는 서비스를 하기 위해서는 정확한상품 지식이 필수적 요소이다. 호텔전체에 대한 새로운 상품 지식은 호텔직원이라면 누구나 반드시 알고 있어야 하며 자신의 업장 상품지식은 늘 학습하는 태도가 중요하다. 반드시 완벽하게 숙지하여야만 고객으로부터의 신뢰감을 얻을 수 있다. 그리고 또한 업무에 필요한 기본어학은 직원들 개개인의 학습노력에 의해서 반드시 숙지하여 특히 외국인 고객응대에 우리의 서비스가 차질이 없어야 한다.

1. 화법의 중요성

[1] 말

① 마음의 표현
② 인격의 표출
③ 진실
④ 실천가능
⑤ 신용

⑥ 하나의 약속

[2] 말 한마디

① 부주의한 말 한마디
② 잔인한 말 한마디
③ 쓰디쓴 말 한마디
④ 무례한 말 한마디
⑤ 은혜스런 말 한마디
⑥ 즐거운 말 한마디
⑦ 때에 맞는 말 한마디
⑧ 사랑의 말 한마디
⑨ 칭찬의 말 한마디

[3] 말

① 마음
② 행동

[4] 말을 들어보면

① 영리한 서비스 맨은 고객을 분석할줄 안다.
② 그 사람됨을 알 수 있다.
③ 말은 그 사람의 올바른 정도를 나타낸다.
④ 그보다 그의 행동을 나타내는 표적이 된다.

[5] 말할 때 자신을 조심하라.

① 말을 할 때는 유언을 하듯 하라.
② 말수가 적을수록 다툴 일도 적다.
③ 말할 때 경솔한 자는 결국 승복당하고 만다.

④ 말속에는 그 사람의 습관에 의한 기호가 묻어나기 마련

[6] 가장 많이 사용하는 말

① 험담
② 부정적인 용어
③ 자랑

[7] 말은 습관

① 부정적인 말을 자주 하면
  • 사고도 그렇게 변하고
  • 생활 철학도 부정적
② 남 허물만 논하는 사람
  • 매사에 누군가를 도마 위에 올려놓기 마련

[8] 말의 중요성

① 말은 형체가 없고
② 무게를 느낄 수 없는 것이지만
③ 마음의 표현수단
④ 사람의 전달 매체
⑤ 인간에게 주어진 매우 값진 보석중 하나
⑥ 사람의 인품
⑦ 사상
⑧ '한마디 말고 천 냥 빚을 갚는다. 라는 속담같이 말로서 성공의 열쇠를 쥐는 사람
⑨ 말로서 자신의 무덤을 파는 사람
⑩ 쓰이는 곳에 따라 약, 독
⑪ 자신의 의사와 생각을 표현할 때, 자신의 말이 상대방이나 주위사람들에게 어떻게 영향을 미칠 것인가에 대하여 항상 염두

[9] 말을 잘 사용하지 못하면

① 오해를 받거나
② 자신의 식견을 떨어 드리는 것을 명심

2. 서비스맨의 대화법의 기본자세

[1] 언어사용의 3원칙

구분		표현요령	화제선택
밝게		명랑한 목소리 즐거운 기분 유모어 센스를 활용	건전하고 밝고 건강한 이야기 즐거운 이야기
상냥하게	듣기 쉽게	알기 쉽게전문어,약어주의 적당한 속도, 정확한발음	모두가 이해하기 쉬운 이야기
	상냥하게	상대방의 입장 고려 공손하게	마음을 따뜻이 하는 부드러운 이야기
아름답게		은어, 유행어 지양	아름다운 이야기

[2] 언어사용의 중요성

① '미안합니다.'
② '정말 무어라고 말씀드릴 수 없습니다. 죄송합니다.'같은 의미이지만 ①은 고객입장에서 성의를 느낄 수 없고, 또는 소홀하게 얕보는 느낌을 받는다. ②는 성의와 정중함, 그 말 자체에서 품위를 느끼게 된다.

[3] 말의 어조 음성

① 밝고 친근감이 넘치는 직원이 고객에게 감동을 주지 못할 때도 있다.

a. 어리고 앳된 목소리 어린아이 말투
b. 콧소리

- 진지함이 없어 보인다.
- 정중함이 없어 보인다.
- 충분한 정보가 없어 보인다.
- 전문가다움이 없어 보인다.
- 자신감이 없어 보인다.
- 신뢰감이 없어 보인다.
- 에티켓이 없어 보인다.
- 경력이 짧아 보인다.
- 대화를 길게 할 수 없을 것 같은 불안감
- 깊은 대화를 할 수 없을 것 같다.
- 고객을 맞이할 준비가 되어 있지 않아 보인다.
- 프로가 아니다.

② 서비스맨의 음성

a. 목소리

- 리듬감
- 즐거움을 전달
- 전체적 편안함

b. 음성이 무뚝뚝

- 표정을 메이크업
- 배우

③ 프로서비스 맨의 음성

a. 자신감

b. 따뜻함

- 혹시 불편하신 점이?
- 혹시 다른 고민이?

c. 관심

d. 배려

e. 매너

• 허리를 굽힐

• 고개를 숙일

f. 대화가 끝날 때까지 미소

• 고개 끄덕임

• 몸을 기우려

④ 호감을 갖게 되는 말씨

• 교양 있는 대화

• 요령 있는 대화

• 재치 있는 대화

• 상황에 맞는 대화

[4] COMMUNICATION 의 수단

단어	말의 어조·음성	비언어수단 (몸짓, 태도, 표정, 자세)
7%	38%	55%

[5] 좋은 대화 Point

① CUSHION 표현사용(대화를 부드럽게 만드는 말)

고객에게 의뢰할 때 고객의 뜻과 다른 경우에 덧붙어야 언짢은 기분을 최소화 할 수 있다.

ex) • 실례합니다만~

• 공교롭게도~

• 죄송합니다만~

• EXCUSE ME~

② 부정문 → 긍정문으로

밝은 표현은 긍정적 언어를 사용하는 것이 POINT이다.

ex) • 할 수 없습니다. → 고객님, 제가 되는지 한번 알아보겠습니다.

• 그렇지 않습니다. →그렇습니다.

③ 명령문 → 의뢰문으로

무심코 명령조로 대화하는 경우가 있는데 반드시 부탁하며 의뢰형으로 표현해야한다.

ex) • ~하십시오. → ~해주시겠습니까?

• 기다리세요. → "고객님 잠시만 기다려 주시겠습니까?"

• 좌석을 당겨 앉아 주십시오. → "고객님 죄송합니다만,

좌석을 좀 당겨 앉아 주시겠습니까?"

④ 반토막말 → 완전 높임말

완전 높임말을 사용해야 보다 정중, 상대방의 마음을 움직일 수 있다.

ex) • " ~ 요", " ~ 죠." → " ~ 니다.", " ~ 니까?",

• 잠깐만요 → 잠시만 기다려 주시겠습니까?

• 예? → 다시 한번 말씀해 주시겠습니까?

⑤ 고객입장에서 대화하기 4단계

• 경청 → 사과 → 상황설명 → 대한제시

• 고객의 반응을 보면서 대화

• 고객에게 어떻게 이해되고 있는 지를 확인하면서 대화를 계속 하지 않으면 대화가 잘 진행 되지 않는다.

• 대안은 여러 가지 철저히 준비

• 최대한 고객이 원하는 것을 해결할 수 있도록 적극적 태도

⑥ Yes의 미학

• "예/네" 라는 한마디 말을 더 붙여 적극적인 친절함과 정중함을 전달할 수 있다.

• "네, 잘 알겠습니다."

• "예, 잘 받았습니다."

• "네, 그렇습니다."

• "네, 감사합니다."

• "예, 제가 안내해드리 겠습니다."

⑦ 진실을 말하라.

상대방이 귀를 돌릴 경우 나의 이야기가 진실치 못하다 생각하기 때문이다

• 증명을 해서 말한다. (왜냐하면 , 때문에, 그런고로)
• 신빙성 있는 숫자, 통계, 자료 이용
• 실례를 잘 들어서 비교

⑧ 마이너스, 플러스 법
  • 조금 비싸기는 하지만 굉장히 튼튼합니다. (마이너스 → 플러스=플러스)
  • 굉장히 튼튼하지만 조금 비쌉니다. (플러스 → 마이너스=마이너스)

⑨ 대화는 표준어, 고운 말을 쓰는 것이 원칙

3. 말은 하는 것 보다 듣는 것이 훨씬 중요하다. ☺ 😐 ☹

[1] 고객의 말을 잘 듣는 경청 기법

① 경청은 '귀 기울여서 잘 듣는 것'임을 명심하라.
② 상대방의 의도와 생각에 집중하라.
③ 말수를 제한하고 조절하라.
④ 주관적 감정 · 편견을 갖지 않도록
⑤ 성급하게 판단, 말하지 말라.
⑥ 흥미를 갖고 끈기 있게 들어라.
⑦ 적극적 질문하라.
⑧ 상대방의 이야기에 대한 관심을 실제적으로 표현하라.
  ex) • 예 맞습니다.
   • 아주 좋으신 생각입니다.
   • 잘 알았습니다.
⑨ 고객의 정보는 메모, 반복, 확인하라.
⑩ 스스로 경청의 중요성을 끊임없이 강조, 인식하라.
⑪ 재진술의 법칙을 적극적으로 활용하라. (질문과 문장을 반복)
⑫ 말을 중간에 끊지 않는다.
⑬ 화제를 바꾸지 않는다.
⑭ 다른 사람에게 동시에 말하지 않는다.

[2] 고객의 말을 듣는데 장애가 되는 요소들을 제거해야 한다.

① 산만해 보일 수 있는 행동

② 고객과 시선

[3] 대화의 1,2,3법칙

① 1분 동안 말하고

② 2분 동안 듣고

③ 3번 맞장구친다.

[4] 맞장구치는 타이밍?

① 열을 올리고 있을 때는 잠시 맞장구를 멈춘다.

② 긍정의 말에만 맞장구

[5] 듣는 사람의 5가지 유형

① 무시

- 건성으로 듣고
- 대답
- 시선
- 무관심
- 팔짱
- 손장난
- 말을 중간에 끊는다.
- 말참견

② 듣는척

③ 선택적 듣기

④ 적극적 듣기

⑤ 공감적 듣기

⑥ 고객의 말을 듣는 직원 유형의 고객 만족율

- 무시(IGNORE) : 0%
- 듣는척(PRETEND) : 10%
- 선택적(SELECTIVE) : 10~40%
- 적극적(ACTIVE) : 50~60%
- 공감적(EMPATHIC) : 90~100%

[6] 바람직한 경청시의 자세

F : FRIENDLY
A : ATTENTION
M : ME TOO
I : INTEREST
L : LOOK
Y : YOU ARE CENTERED

[7] 경청의 효과

① 고객이 즐거워한다.
② 고객의 요구를 파악
③ 세일을 할 수 있다.

Tip

경청의 10원칙

내가 고객에게 말하는 시간보다는 고객의 말을 듣는 시간을 더 가져야 한다.

1. 고객과의 대화 중 말하기보다 듣기에 더 많은 시간을 할애하라.
2. 당신을 고객의 입장에 놓고 생각하라. 고객의 관점에서의 문제점,니즈 등을 파악하라.
3. 집중해라.들을 때 딴짓을 하지 말라, 늘 대화의 주제를 파악하며 경청하라.
4. 이해와 동감을 표현해라.고객의 감정을 느끼며,고객에게 계속적으로 반응을 보여라.
5. 고객의 말씀도중 절대로 끼어들거나 말을 끊지마라.
6. 이해할 수 없을 때는 질문을 해라. 그냥 넘어갈 경우 당신은 매우 중요한 요소를 놓칠 수 있다.질문을 함으로써 고객에게 단신이 잘 듣고 있으며 관심을 갖고 있다는 것을 보여 줄 수 있다.
7. 메모를 하라.고객에게 도움이 될 만한 중요한 사항을 적어라.고객이 반복해서 말하지 않도록 주의하고,당신이 고객의 말을 잘 듣고 있었다는 것을 알 수 있도록 하라.
8. 말로 표현하지 않은 것을 들어라.특히 , 고객이 부정적인 반응을 보이고 있다면 고객은 반론에 대한 진짜 이유를 나타내려 하지 않을 것이다.무엇이 진정한 문제인지 탐색하고 찾아내야 한다.고객의 음성의 변화를 잘 듣는 것만으로도 고객의 태도,감정 등을 살필 수 있을 것이다.
9. 철저히 준비하라.고객으로부터 질문을 받았을 때, 당신 회사의 제품과 서비스 경쟁사에 대하여 알고 있어야 한다.이것은 효과적이고 자신감있게 반론과 질문을 처리할 수 있게 한다.
10. 끈임없이 연습하라. 가족, 친구, 동료와 대화를 하면서 TV를 보면서 경청하는 훈련을 하라. 예리하게 듣고 판단하는 능력을 키울 수 있다

4. 말 잘하는 방법 ☺ 😐 ☹

[1] 고객에게 가장 많이 하는 말은 무엇입니까?

[2] 말할 때의 주의 할 점

① 말하는 목적을 의식
- 즐겁게
- 설득
- 사과
- 감동
- 지식(설명)

② 고객의 입장 먼저 생각
③ 정확한 발음, 밝은 목소리, 정당한 속도
④ 고객의 미관을 보며, 좋은 태도
⑤ 고객이 듣기 쉽게 표준어 생활 용어 사용
⑥ T, P, O에 맞도록
⑦ 공손한 말
⑧ 침이 튀지 않게
⑨ 밝은 표정
⑩ 되도록 말을 적게
⑪ 품격과 격식을 갖춘 언어 사용
⑫ 상대 높임 - 인격이 돋보이게
⑬ 긍정적 언어
어머니와 같은 마음 (○), 어머니와 같은 눈빛? (×)
갓난아이와 같은 눈빛 (○), 갓난아이와 같은 마음? (×)
⑭ 적절한 호칭(친근감 존경심)

[3] 경어를 올바르게 사용

① 존경어 (듣는 사람에 대한 경의를 나타냄)

• ○○ 선생님, ○○님, ○○여사, 귀하, 귀사 「사장님께서 가십니다.」

② 겸양어 (말하는 사람의 입장을 낮추고)

• 저희들, 저희, 전화 드리겠습니다, 찾아뵙겠습니다.

③ 공손어 (상대에게 공손한 마음 표현, 자기 품위)

• 보고 드립니다.

• 말씀해 주십시오.

• 안녕하십니까?

[4] 칭찬하는 법을 잘 알고, 적절하게 잘 사용(어조, 톤에 유의)

① 칭찬하는 대도 요령이 필요하다.

• 대담 찬사법

• 호칭 변형 찬사법

• 반문 찬사법

• 소유물 찬사법

• 단순 찬사법

• 감탄 찬사법

• 비유 찬사법

• 간접 찬사법

② 잘못된 칭찬

• 가벼운 칭찬

• 사실과 다른 칭찬

• 누구에게나 똑같은 내용의 칭찬

• 칭찬답지 않은 음성

[5] 세련된 언어 관리

① 효과적 음성의 사용 요령

• 자세를 바로 (가슴을 올리고 배에 힘을 주고)

• 다양하게 사용 (내용 상황에 따라)

• 생동감 (젊고, 활기 있게 이야기하는 습관)

• 음성을 낮춘다. (확신, 설득, 따뜻한 목소리의 이미지)

• 콧소리와 날카로운 소리를 피한다.

② 좋은 음성유지를 위한

- 듣기에 나쁜 목소리는 피한다.
- 대를 다치게 하는 습관은 피한다.

③ 목소리를 잘 관리하는 방법

- 과음
- 충분한 휴식으로 피로를 풀어 준다.
- 목기침에 주의
- 너무 많이 웃는 것을 피한다.
- 레몬즙이 든 따뜻한 차를 마신다.

④ 음성관리의 3요소

- 또렷한 목소리
- 적당한 속도
- 알맞은 음량과 강약

⑤ 친절, 불친절한 음성

친절한 음성(고객을 부르는 음성)	불친절한 음성(고객을 내 쫓는 음성)
쾌활 자연스러움 친금감 성의 관심 끄는 음성 부드러운 음성 밝고 맑은 음성 미소가 담긴 자신 있고 탄력 있는 목소리	불쾌, 억지 기계적 냉담 불성실 반발적 음성 무서운 목소리 히스테릭한 목소리 불안, 침착하지 못한 목소리 까슬까슬 귀에 거슬리는 목소리 너무 낮은 목소리 너무 높은 목소리 무기력한 목소리 단조로운 목소리 어두운 음성 조용한 음성 온건한 음성 연약한 음성 소극적 음성

⑥ 억양
- 미소 지으면서 이야기
- 중요, 강조해야할 단어에는 강세
- 높낮이를 과장

⑦ 목소리의 크기 (음량)

⑧ 말하는 속도

⑨ 호흡법
- 흉식 호흡
- 복식호흡

[6] '실례합니다.', '죄송합니다.'를 많이 할수록 품위가 높아진다.

어떤 상황에서 '실례합니다.' '죄송합니다.'라고 하나?

① 고객 고유의 공간, 즉 30cm 이네 침범한 경우

② 고객 앞을 가로 질러갈 경우

③ 두 사람의 사이를 헤치고 가야 할 경우

④ 고객 앞에 있는 물건을 집어올 경우

⑤ 몸의 일부분이 부딪혔을 경우

⑥ 자신이 다른 사람의 진로를 막고 있거나 방해하고 있을 때

5. 올바른 호칭 ☺ 😐 ☹

[1] 고객에 대한 바른 호칭 좋지 않은 호칭

좋지 않은 호칭	올바른 호칭
아저씨	회장, 사장님, 교수님, 고객
여기요	고객
아줌마	사모님, 고객
아가씨	고객
꼬마야	어린이
김윤환씨	김윤환 고객님

[2] 상사에 대한 바른 호칭

① 상급자

- 상사의 성과 직위 다음에 "님" 자를 붙인다.
  "김 사장님", "강부장님"
- 성명을 모르면 직위에만 "님"자를 붙인다.
  "부장님", "차장님"
- 상사에게 자기를 호칭할 경우는 "저", 전화상에서 자기를 호칭할 경우 성에 직위나 직함을 붙여 말하되, 직위 직함만 말할 경우도 있다 "김 부장", "총무부장"

② 하급자 동급자

- 하급자는 동급자 에게는 성과 직위 또는 직명으로 호칭
  "이 부장", "경리부장"
- 초면이나 선임자인 경우 "님"을 붙이는 것이 상례
- 하급자나 동급자간에 자기 호칭은 "나"

③ 틀리기 쉬운 호칭

- 존칭은 호칭에만 쓴다.
  "사장님실" 이 아니고 "사장실"
- 문서에는 상사의 존칭을 생략해도 실례가 아니다.
  "사장님 지시" (×) → "사장지시" (○)
- 본인 임석 하에 지시를 전달할 때는 "님"을 붙인다.
  "사장님 지시를 말씀드립니다.

④ 차상급자에게 상급자 호칭

- 차상급자에게 상급자의 지시와 결과를 보고 할 때는 직책이나 직위만을 사용
- 사장 앞에서 상무가 전무의 지시를 보고 할 때
  "전무가 지시할 일이 있습니다.

⑤ 고객에게 상급자의 호칭

- 고객에게 상사를 호칭할 때 상사의 직책이나 이름에 "님"자를 붙이지 않는다.

• 전화 시에도 상대방의 신분이 분명하지 않을 때는 일단 고객으로 보아 상사의 직책이나 이름에 "님"자를 붙이지 않는다. 단 위의 경우라도(고객)의 신분이 분명 호칭되는 상사와의 공식적, 비공식적인 관계가 손아랫사람이라는 것이 분명할 경우 "님"자를 붙인다.

6. 서비스에 꼭 필요한 언어 사용

[1] 서비스 대화법의 10가지 POINT

① 3의(三意)를 가지고 말 할 것
② 항상 부드러운 미소, 상냥하게
③ T. P. O에 맞춰 목소리의 크기와 말의 속도를 적절하게
④ 항상 시선을 고객에게
⑤ 고객을 칭찬
⑥ 잘 듣고, 맞장구
⑦ 똑똑한 체 하지 말 것
⑧ 고객 입장을 존중
⑨ 침착하게
⑩ 반토막 말하지 말 것

[2] 잘못된 습관

ex) • 네? → 다시 한 번 말씀 해 주시겠습니까?

[3] T. P. O에 따른 공손한 말씨

① 고객을 맞이할 때
② 고객의 용건을 받아들일 때
③ 고객에게 선물을 받아 감사의 마음을 나타낼 때
④ 고객에게 질문 할 때

⑤ 고객에게 부탁 할 때(금연석)
⑥ 고객을 기다리게 할 때
⑦ 고객 앞에서 자리를 뜰 때
⑧ 고객이 재촉할 때
⑨ 고객을 번거롭게 할 때
⑩ 고객에게 거절 할 때
⑪ 고객과 용건을 마칠 때
⑫ 고객과 지나가다 부딪쳤을 때
⑬ 고객 뒤로 지나갈 때
⑭ 고객이 뒤에서 말을 걸 때
⑮ 입구나 출구, 엘리베이터 등에서 고객과 맞부딪칠 때
⑯ 고객에게 물건을 드릴 때
⑰ 고객에게 방 번호를 물을 때
⑱ 고객에게 성함을 물을 때
- 알고 싶어서
- 이름이 어려워서

⑲ 고객에게 명함을 드릴 때
⑳ 고객에게 명함을 받고자 할 때
㉑ 주문을 받을 때
㉒ 주문 후
㉓ 요리 제공시
㉔ 재떨이 교환시
㉕ 물을 채워야 할 때
㉖ 음료 추가 주문시
㉗ 요리를 다 드셨을 때
㉘ 그릇을 치울 때
㉙ 고객 환송시
㉚ 상대방 의견의 일부분과 일치 할 때

[4] 서비스맨이 멀리 해야 할 말 12가지

① 안됩니다.
② 모릅니다.
③ 제 소관이 아닙니다.
④ 글쎄요
⑤ 다른 곳에 한번 알아보세요.
⑥ 지금은 바쁜데요.
⑦ 기다리세요.
⑧ 곤란한데요.
⑨ 힘들어 죽겠네.
⑩ 다음에 한번 오세요.
⑪ 없습니다.
⑫ 제 잘못이 아닙니다.

[5] 서비스시 활용할 수 있는 화법

① 질문화법
② 유도화법(전환화법)
③ PLUS화법
④ 사례화법

[6] 예외 사항

① 품절일 때
② 가격을 깎아 줄 수 없을까?
③ 단체인 경우 Discount해 주죠?
④ 씨가면 안 될까요?
⑤ 지배인과 얘기하고 싶은데요.
⑥ 테이블 두 개를 붙여서 같이 앉을 수 있습니까?

⑦ 무엇을 주문해야 할지 모르겠는데 추천을 해 주시겠습니까?
⑧ 얼마나 더 기다려야 합니까?
⑨ 이 음식은 준비되는데 얼마나 걸립니까?
⑩ 가장 빨리 준비되는 음식은 무엇입니까?
⑪ 이 Steak는 너무 덜 익었습니다.
⑫ 여기는 1604호인데 제가 주문한 음식은 어떻게 된 겁니까?
⑬ 이 음식 맛이 좀 이상한데요.
⑭ 제가 주문한 음식이 왜 이렇게 오래 걸립니까?
⑮ 왜 이렇게 일찍 문을 닫습니까?
⑯ 상대가 두 사람일 경우 장시간 대화를 하게 되는 일이 없도록
⑰ 일찍 출근한 부하 직원에게
⑱ 출장 다녀온 직원에게
⑲ 담배 피우는 직원에게
⑳ "이 옷 좀 보여주실래요?"
㉑ "이거 얼마예요?"
㉒ "이거 저걸로 바꿔 주시면 안 돼요?"

[7] 고객과의 대화

① 대화 시 주의 할 점

- 언행일치 「침묵은 금이다.」
- 탁구 경기하듯
- 노래하듯이 가다듬어
- 장사꾼처럼 이야기 하지마라.
- 고객의 기분을 좋게
- 친분이 있는 고객이라도 큰소리로 웃거나 장난치지 말고 예의를 가지고 대하라.
- 고객에게 사적인 질문을 조심하라.
- 고객과 다른 고객의 험담을 하지 않는다.
- 고객과 동료나 선후배의 흉을 보지 않는다.
- 대화 중 손가락질을 하지 않는다.

- 어떠한 상황에서든 자기주장만 늘어놓지 마라.
- 고객과 논쟁을 벌려서는 안 된다.
- 자기 자랑을 하지 마라.
- 전문용어, 외래어를 남발하지 않는다.
- 너무 낮거나 높은 음질, 음량을 사용하지 않는다.
- 좋지 못한 말버릇을 삼간다.
- 과장된 몸짓은 피한다.
- 경쟁사를 비방하지 마라.
- 정치나 종교에 관한 화제는 삼가라.
- 타인의 스캔들을 화제에 올리지 마라.
- 고객을 가르치는 듯한 표현은 삼가라.
- 회사나 개인의 기본사항은 언급하지 마라.
- 고객의 말을 중간에 끊지 않는다.
- 화제를 바꾸지 않는다.
- 지루해 하지 않는다.
- 들으면서 동시에 다른 사람에게 얘기하지 않는다.
- 무관심은 금물
- 산만한 행동을 멈춘다.
- 시선을 맞춘다.
- 흥분하면 안 된다.

② 칭찬과 격려

- 넥타이
- 의상
- 액세서리
- 외모
- 재주
- 솜씨
- 성격
- 과거행동, 습관
- 개인별

③ 유 머

7. 당신은 영원한 오더테이커로 머무를 것인가? 아니면 세일즈맨으로 변화 할 것인가

[1] 자가 진단

① 고객에게 주문을 받고 있는가?
고객에게 판매를 하고 있는가?

② 고객에게 복종하는가?
고객에게 동의를 얻는가?

③ 판매를 하지 못하는 이유?
자발적 의욕이 부족
상품지식 부족

④ 만약 판매를 하고 있다면 어떠한 전략으로?

⑤ 판매할 기회란 과연 언제인가?

⑥ 고객을 보고 관찰, 예측, 우선순위, 실행은 몇 초안에 가능한가?

⑦ 고객의 질문에 정확한 설명을 해드릴 수 있는가?

⑧ 음식 하나하나에 감칠맛 나는 설명을 할 수 있는가?

⑨ 다른 음료나 부가의 다른 음식을 권유하는가?

⑩ 추천 상품에 대한 정확한 내용을 숙지하고 있는가?

⑪ 세심한 배려로 음식을 추천해 주어서 고맙다는 소리를 들어 본적이 있는가?

⑫ 추천해준 음식이 매우 맛있다는 소리를 들어 본적이 있는가?

⑬ 음식에 대해서 혹 별로 아는 것이 없다?

[2] 실제 훈련

① 주문을 받을 때

② 고객에게 식음료를 제안하는 방법
ex) 디저트

③ 고객에게 구매를 자극하게 하는 방법

④ 메뉴설명

⑤ 대안제시 "만약 고객이 추천에 대해 싫다." 라고 말한다면?

⑥ 결정하는 데에 머뭇거리거나 주저하는 고객에게
⑦ 고객의 만족도 확인
⑧ 만약 고객이 주문한 음식을 싫어한다면
⑨ 고객주문과 맞지 않게 제공되었을 때
⑩ 거부반응의 처리
⑪ 메뉴별 판매방법(특별메뉴)
⑫ 음료 판매 방법
⑬ 와인 판매 방법
⑭ 전통음료 판매 방법
⑮ 전채 판매 방법(음식)
⑯ 특별한 전채를 제안하는 방법
⑰ 수프 판매
⑱ 주 요리 판매
⑲ 보다 나은 주 요리를 제안하는 방법
⑳ 후식판매
㉑ 식후 음료 판매
㉒ 고객이 직원에게 주문을 도와 달라고 하면?
㉓ 고객이 지나가다 간판에 있는 치킨 집 전화번호를 보면?
㉔ 중국집에 자장면 한 그릇을 시키면?

[3] 판매 제품에 대해 정확히, 자세히 알수록 그 판매량, 매출이 향상된다.

① 고객이 주문하는 것만 팔 것인가?
② 주문하지 않은 것까지 팔 것인가?
③ 음식에 들어가는 내용뿐만 아니라 그것과 잘 어울리는 음식은 어떤 것이 있는 지에 대해서도 알고 있어야 한다.

8. 효과적인 판매 기술 ☺ 😐 ☹

[1] "판매는 곧 서비스이다."

① 우리 호텔의 궁극적인 목표는?
많이 판매하는 것

② "고객에게 서비스를 제공한다."는 것은 최종목표가 아니라 목표를 위한 수단이다.

[2] 고객을 "가이드"하라.

① 직원이 추천해서 먹는 음식이나 음료가 그냥 내가 주문한 음식보다 항상 맛있게 느껴진다.

② 제안판매는 식음료 경영에 있어 현재와 미래의 고객에게 긍정적인 구전광고 효과를 창조한다.

③ 고객은 지금 사기 위해 여기에 온 것이지 그냥 구경하기 위해 잠깐 들른 것이 아니다.

④ 제안판매는 모든 사람에게 이익을 준다. 즉 직원 그리고 고객 모두에게 이익이 된다.

⑤ 오더테이커(ORDER - TAKER) : 수동적 주문만 받는 사람

⑥ 세일즈맨(SALESPERSON) : 판매 지향적인 사람

⑦ 세일즈맨이 갖추어야할 필수 사항?
정확하게 모든 상품을 골고루 알고 있어야

[3] 서비스 향상과 매출 증대를 위한 4단계

① 1단계 : 자기 자신을 오더테이커가 아닌 서비스 지향의 세일즈맨으로 생각하라.
<생각을 바꿔라>

② 2단계 : 당신이 파는 상품에 대해 정확히 알라.
<고객보다 당연히 더 많이 알아야 한다.>

③ 3단계 : 고객을 "가이드" 하라.

④ 4단계 : 적절한 어휘를 사용하라.

<고객님을 위해서 주방장이 특별히 준비했다.>

[4] 효과적인 판매 기술 및 화법

진정한 판매란? 고객만족 기업 만족

① 제안 판매

a. 요점

- 제안을 왜 중요한가?
- 고객이 "싫다"는 표현에 두려워하면 안 된다.
- 보다 구체적인 제안을 한다.
- 서비스맨의 태도?
- 자신감을 갖고 적극적인 추천

b. 주제

- 고객에게 식음료를 제안하는 방법
- 추천 상품에 대한 정확한 내용 숙지

c. 사용언어

- "디저트로 _____을 드시겠습니까?"
  디저트로 신선한_____을 드시겠습니까?

② 고객에 구매 자극

a. 요점

- 고객은 즐기기 위해 호텔에 온다.
- 만약 고객의 즐거움을 보증해 줄 수 있다면 고객은 아마도 서비스맨의 제안에 대하여 주문할 것이다.

b. 사용언어

- "매우 맛있습니다.
- "매우 좋습니다.
- "매우 인기가 있습니다.
- "많은 고객님이 그것을 좋아하십니다.

• "저희 호텔에만 준비된 특별한 요리입니다."
• "저희 주방장이 특별히 준비한 요리입니다."

③ 고객의 구매의사 읽기

a. 요점

• 긍정적인 구매 의사
• 부정적인 구매 의사

b. 주제

• 서비스 맨의 판매 제안에 관해 어떤 느낌인지를 표현한다.
• 긍정적일 수도 있고 부정적일 수도 있다.
• 긍정적 표현은 추천한 품목을 주문한다는 의미
  부정적인 표현은 서비스맨의 추천에 관심이 없다는 것을 의미

④ 메뉴설명

a. 요점

• "_____에는 _____이 곁들여 나옵니다."
• "_____에는 _____이 함께 제공됩니다."

ex) "로스트비프는 감자와 브로커리가 곁들여 집니다."

• "_____는 _____으로 만들어집니다."

ex) "볼로네스 스파게티는 잘게 썬 쇠고기와 적포도주 소스로 만들어집니다.

• "_____은 _____의 일종입니다."

ex) "로마노프 굽은 신선한 딸기로 만든 아이스크림 선데의 일종입니다."

⑤ 대안제시

a. 요점

• 고객은 서비스맨의 제안 모두를 받아들이지는 않는다.
• 만약 고객이 서비스맨의 추천에 대해 "싫다." 라고 말한다면 서비스맨은 또 다른 대안을 제시해야 한다
• 고객이 주문할 품목을 정할 때까지 추천을 계속 한다.

b. 사용언어

• "_____는 어떻습니까?"
• "_____를 드셔 보시겠습니까?"

⑥ 결정을 위한 권유

a. 요점

- 결정하는 데에 머뭇거리거나 주저하는 고객에게는 적극적으로 행동
- 고객이 강요에 의한 결정이 되지 않도록 심리상태를 적확히 파악, 대처한다

b. 사용언어

- "~을 제공해 드릴까요?"
- "어느 것을 드시겠습니까?"
- " ~을 선택하시면 만족하실 것이라 확신합니다."

⑦ 고객의 만족도 확인

a. 요점

- 판매 후 그 품목에 대한 고객의 만족도를 확인
- 주문한 음식을 싫어한다면 사과한다. 그리고 고객이 다시 즐거워지도록 신속하게 행동
- 고객주문과 맞지 않게 제공되었을 때 즉시 사과하고 새것이나 보완해서 다시 제공

b. 사용언어

- "식사가 어떠하셨습니까?" "예" "아니오." 보다 어떤 이야기로 대답해야 되기 때문에 효과적
- "감사합니다."
- 고객이 만족해해도 "맛있습니까?" "좋습니까?" 는 삼가
- 고객이 음식을 좋아하지 않는 것 같아 보여도 "무슨 문제가" 있습니까? "싫습니까?" 삼가

⑧ 거부반응의 처리

a. 요점

- 서비스맨은 고객에게 판매하는데 있어 여러 가지 난점들이나 특별한 경우에 처하게 된다.

b. 사용언어

- "물론입니다 천천히 하십시오.
- "죄송합니다. 다시 오겠습니다.

• “잘못된 점이라도 있는지요.
• “대단히 죄송합니다.

9. 판매 100%에 도전, 바로 실천하기 ☺ 😐 ☹

[1] 고객을 알아야 한다(관심)

① 고객의 이름을 사용하라.
② 고객의 기호를 파악하라.
③ 고객개개인에 맞는 서비스를 제공하기 위한 습관을 정하라.
④ 고객을 최우선으로 한다.

[2] 나를 알려야 한다(프로)

① 자신감 넘치는 밝은 미소
② 단정한 차림새
③ 언어사용
④ 친근감
⑤ 예의바른 자세
⑥ 열정적인 태도
⑦ 업무능력
⑧ 경력
⑨ 성실
⑩ 책임감

[3] 고객에게 나의 관심을 표명하고 나의 프로의 이미지를 확실히 전달할 수 있다면 이미 판매는 종결된 것과 다름없다.

[감동+α]

가장 말을 잘하는 프로 서비스맨은 고객의 이야기보따리를 풀 수 있는 직원이다.

Tip

성공하는 사람들의 말하기 법칙 11가지

1. '말을 아끼라'는 우리말의 미덕을 알라
   현대는 쌍방향 커뮤니케이션의 시대. 성공한 사람은 자기 이야기만 주로 함으로써 듣는 사람을 지루하게 만들지 않는다. 또한 남의 이야기를 많이 들으면 공짜로 많은 정보를 얻는 것이니 성공할 수 밖에.
2. 자기 목소리를 가꾸어라
   a.하루 한번이상의 소금물 양치질을 해서 목의 피로를 풀어준다.
   b.말을 할 때는 의도적으로 배에 힘을 주어 발음한다.
   c.신문이나 책을 입을 크게 벌려서 소리내어 읽어본다.
   d.자신의 목소리를 녹음해서 들어본다.
3. 부득이한 경우 때로는 안개작전을 구사하는 화법을 써라
   난처한 질문을 받을 경우 질문자가 혼돈을 일으킬 수 있도록 답변을 회피하면서 대화의 초점을 흐려놓는 스텐젤 화법을 적절히 이용한다.
4. 자기만의 개성적인 대화 스타일을 만들어라
5. 진실한 말로 감동을 전하라
   수백마디의 달변보다 솔직담백한 한 마디가 더욱 진한 감동을 줄 수가 있다. 꼭 필요한 말을 하되 간단명료하게 말하며 쓸데없는 사족을 달지말 것.
6. 거절과 부탁은 확실하게 하라
   부탁에 대한 거절은 상대에게 미안하다는 진심을 담아 예의바르고 확실하게 해야 한다.
7. 남보다 반 박자 앞선 화제를 구하라
   지나치게 앞서면 어렵다거나 황당하다고 외면당하기 쉽고 박자에 딱 맞추면 유행 따라다니는 낡은 이야기가 된다.
8. 솔직함으로 남을 웃겨라
   솔직하게 유머를 표현하되 상대에 대한 무례가 되지 않도록 주의한다.
9. 눈을 맞춰 확실하게 설득해라
   대화를 할 때 눈 맞추는 것을 피하면 솔직하지 못한 삶으로 비춰질 수 있다.
10. 쉽게 말해서 기억에 남겨라
    미사여구나 현학적인표현으로 치장을 하는 것은 오히려 역효과.
11. 말과 옷을 하나로 매치시킨다
    때와 장소와 상황에 맞는 옷차림은 대화의 기본 선행조건.

전화 응대

전화는 고객과의 빼놓을 수 없는 의사소통의 수단이며, 고객접점의 중요한 매개체이다. 전화응대 하나로 호텔에 지대한 영향을 미칠 수 있으며, 무성의한 전화응대는 고객을 내쫓는 무서운 결과를 낳는다.

전화는 고객의 얼굴을 직접 보지 못하고 음성으로만 대화하기 때문에 혹, 본이 아니게 고객에게 결례를 범하기가 쉽고, 오해가 발생할 소지가 많으며 고객과의 순간적인 전화 한통이 회사 전체 이미지를 판단해 버린다는 점에서 조금도 소홀함이 없어야 한다.

1. 전화응대의 중요성 ☺ 😐 ☹

[1] 왜 올바른 전화매너가 필요할까?

① 직접 고객을 만났을 때

음성 용모/복장 표정 태도 인사	⇨	5가지의 조화	⇨	자신의 프로페셔널 이미지 표현

② 간접적(전화)으로 고객과의 만남

용모/복장 표정 태도 인사	⇨	음성 하나로 4가지를 표현	⇨	자신의 프로페셔널 이미지 표현

[2] 회사의 Radar

① 대표성 : 전화 받은 직원이 곧 회사를 대표한다.

② 경쟁 환경 : 경쟁사에 비즈니스 기회를 몽땅 갖다 바치는 것과 마찬가지

[3] 전화 고객의 4대 특성

① 예고 없이 찾아온다.

② 얼굴이 보이지 않는다.

③ 귀에 들리는 음성만으로 의사를 결정한다.

④ 최초로 고객과 접하게 되는 접점으로 기업 입장에서는 이미지 구축의 초석이 된다.

[4] 전화응대와 직접응대의 차이점

① 전화기라는 기계를 통한 응대이다.

② 목소리에 의해 모든 것을 판단한다. (전화로 상대의 개성이나 특성・기호 등을 모두 파악하기에는 한계가 있다.)

③ 일정시간 내에 이루어지는 응대이다.

④ 거리가 떨어져 있는 곳에서의 1대1 응대이다.

⑤ 전화응대는 무료가 아니다. (직접 반응광고나 DM보다 고비용일 수 있음)

⑥ DM : 40원~2000원/접촉

⑦ TM : 2000원 이상/접촉

2. 전화응대의 기본요령

(1) 텔레커뮤니케이션의 3요소

① 말하기(Speaking)

- 목소리
- 상냥하고 자연스럽게
- 또렷하고 듣기에 적당한 크기로
- 정중하고 차분하게

② 톤

- 열정적으로 생동감 있게
- 도와주려는 자세로
- 민첩하게

→ 속도 : • 지나치게 빠르거나 느리지 않게
• 1분에 300~350음절이 가장 적당한 속도

(2) 듣기(Listening)

고객의 말을 끝까지 듣고, 끊지 말고 후에 설명, 맞장구, 서둘러 결론을 짓지 말아야 한다.

(3) 생각하기(Thinking)

① 고객의 입장을 배려한다.

② 고객이 진정으로 원하는 것이 무엇인지를 파악한다.

(4) 전화기 근처에 이런 것들을 준비

① 항상 메모용지

② 필기도구

③ 자주 거는 전화번호의 list

(5) 전화응대는 반드시 인사로 시작하고 인사로 마무리한다.

① 아무리 업무가 바쁘더라도 인사가 곧 첫인상이라는 점을 명심해야 한다.
② "안녕하십니까?" (업장명) 입니다. 무엇을 "도와드릴까요?"라는 첫인사와 "전화 주셔서 감사합니다."라는 끝인사는 필수다.

(6) 전화기 앞에서 절을 한다.

(7) 목소리를 낮춘다.

(8) 간결, 명확하게 마무리 짓는다.

(9) 4m를 주의한다.

(10) 항상 미소 띤 목소리로 통화한다.

① "안녕하십니까?"(업장명) 입니다. 무엇을 "도와드릴까요?"라는 첫인사와 "전화 주셔서 "감사합니다."라는 끝인사는 필수다. 기분은 목소리에 나타나는 것이다.
② 수화기는 왼손, 오른손은 메모할 준비를 한다.
③ 송화기와의 거리는 주먹 한 개 정도가 적당하다.

(11) 확실히, 천천히, 정확하게 이야기한다.

① 알기 쉬운 말로 이야기 한다.
② 고유명사와 숫자는 분명히, 천천히 이야기 하고 잘못 듣지 않도록 주의한다.
③ 말끝도 흐리지 않고 분명히 말한다.

(12) 고객과 마주대하고 있는 것처럼 응대한다.

(13) 전화벨이 3번 울리기 전에 받아야 한다.

(14) 벨이 4번 이상 - "기다리게 해서 죄송합니다."

(15) 전화를 턱과 어깨사이에 끼고 통화하지 않는다.

(16) 통화중 고객이 접근 - 손짓과 눈짓으로 고객 자리를 권하거나 양해를 구하고 통호가 끝나면 "기다리게 해서 죄송합니다."

(17) 고객과 전화통화시 다른 사람과 상의할 일이 발생하면 상대방에게 들리지 않도록 한다.

(18) 고객과 통화 시 고객보다 먼저 전화를 끊지 않는다.

3. 전화를 받는 방법

[1] 인바운드 TM

① 전화벨이 울리면 곧 받는다.
② "안녕하십니까?" (업장명)입니다. "무엇을 도와드릴 까요?" 밝고 경쾌 하게 인사한다.
③ 고객 이름을 꼭 확인한다.
④ 용건을 정확히 듣고, 만약 모르는 점은 물어서 확인한다.
⑤ 반드시 끝인사를 한다.

[2] 전화 받을 사람이 부재중이 경우

① 먼저 전화 받을 분이 부재중인 이유와 돌아오는 시간을 말하고, 다른 분을 바꿔드려도 좋을지 여쭈어 본다.
② 전언을 부탁받았을 경우 메모 복창, 자신의 이름을 말한다.
③ 전화를 건 고객에게는 다시 전화를 드려도 되겠느냐고 반드시 묻고 끊는다.
④ 메모요령 (5W1H요령으로 메모)
⑤ 통화가 끝나면 반드시 자신의(받은 사람), 소속, 성명을 분명히 하여야 한다.
⑥ 자신이 용건을 처리할 수 없을 때
⑦ 잘못 걸려온 전화를 받았을 때
⑧ 고객과 통화 중 전화가 끊어 졌을 때

4. 전화를 거는 방법

(1) 아웃바운드 TM

① 우선 전화를 걸 준비를 한다.
② 고객의 성함을 다시 한 번 확인, 소속, 용건을 확인한다.
③ "   호텔 예약실 ○○○입니다. ○○○고객님이십니까?"
④ 간단한 인사를 한다.
⑤ "고객님 안녕하셨습니까? 항상 이용해 주셔서 정말 감사합니다."
⑥ "그간 평안하셨습니까? 휴가는 다녀오셨습니까?"

(2) 용건은 메모를 보면서 간단, 명료하게 전한다.(요약, 복창, 수정받을 기회를 갖는다)

(3) 끝인사를 반드시 한다.

① "고객님 감사합니다. 안녕히 계십시오."
② 반드시 고객이 끊는 것을 확인한 후 3초 후에 끊는다.
③ 항상 좋은 인상을 남겨라.

5. 전화 응대시 기본 화법

상 황	효과적 대처 화법
① 첫인사	안녕하십니까?(○) 여보세요(×)
② 벨이 4번 이상 울린 후 받았을 경우	늦게 받아 죄송합니다.
③ 부득이 고객을 기다리게 한 후 (홀드버튼을 누르고 시간이 지체 되었을 때)	오래 기다리게 해서 죄송합니다.(○) 기다리시게 해서 죄송합니다.(○) 여보세요.(×)

상 황	효과적 대처 화법
④ 부득이 고객을 기다리게 한 후(중간에 고객에게 기다려 달라는 안내를 한 경우)	기다려주셔서 감사합니다.
⑤ 전화를 받을 사람이 통화중일 때	○○○은 통화중입니다. 죄송하지만, 잠시 기다려 주시겠습니까?
⑥ 고객이 찾는 사람이 부재중 일 때	죄송합니다만, 지금 이곳에 계시지 않습니다. 혹시 오시면 메시지를 남겨드릴까요?(전화 걸어온 사람, 연락처, 메시지)
⑦ 혼선이 되거나 잘 안 들릴 경우	죄송합니다만, 다시 한 번 말씀해 주시겠습니까? 죄송합니다만, 혼선이 되었는지 잘 들리지 않습니다. 괜찮으시다면 다시 한 번 걸어주시겠습니까? 번거로우시겠지만 다시 한 번 걸어주시겠습니까?
⑧ 전화가 잘 못 걸려온 경우	죄송합니다만 전화를 잘못 거신 것 같습니다. 여기는 ○○○호텔이고 번호는 ○○○-○○○○입니다. 다시 한 번 확인해 보시겠습니까?
⑨ 다른 부서로 연결시킬 경우	죄송합니다만, 여기는 ○○업장입니다. 제가 ○○업장으로 연결시켜 드리겠습니다. 혹시 연결 도중 끊어지면 ○○○○번으로 걸어주십시오. 감사합니다.
⑩ 통화량이 많은 경우, 사담을 늘어놓는 고객	대화의 초점을 조절, 원점으로 돌아오게 해야 한다. 참 흥미롭습니다. 그러시고 현재 궁금하신 내용은 이란 말씀이시죠?
⑪ 전화를 끊을 때	전화 주셔서 감사합니다. 저는 ○○○였습니다.
⑫ 다른 사람에게 연결할 때	잠시만 기다려주시겠습니까? ○○○씨 연결해 드리겠습니다. 혹시 연결 도중 끊어지면 ○○○○번으로 걸어주십시오. 감사합니다.

6. 고객 컴플레인 대처 화법(전화)

상 황	내 용	유의점
적극적 청취	-예, 이해합니다. -예, 잘 알겠습니다. -예, ~라는 말씀이시군요.	-적절한 응대어 구사 -요약 정리하여 확인
문제파악	· 상황질문 -고객님, 상품에 대해 어떤 문제가 있다고 생각하십니까? · 재확인 질문 -그러셨군요. 그 점에 대해 좀 더 자세히 알 수 있을까요? -그런 문제가 있으셨군요. 고객님 정말 죄송합니다. 제가 도움을 드릴 수 있도록 좀 더 자세한 내용을 알고 싶은데요.~점에 대해서 말씀해 주실 수 있으시겠습니까? · 세부사항 질문 -고객님, 몇 가지 세부적인 사항을 좀 더 확인해도 되겠습니까? -고객님, 좀 더 확실히 알 수 있도록 몇 가지 확인 사항을 여쭈어 봐도 되겠습니까?	-적절한 질문을 통해서 고객의 상황을 정확히 파악할 수 있도록 고객에게 도움을 요청할 것
동감	-고객님 정말 죄송합니다. 많이 놀라셨죠! -고객님, 그런 문제가 생겨서 불편을 겪으셨다니, 제가 충분히 이해하겠습니다. -고객님 기분이 어떠신지 충분히 이해가 됩니다. 불편을 끼쳐드려 정말 죄송합니다.	-감정이입 -적극적으로 도우려는 자세를 보여줌
해결방안제시	-잘 알겠습니다. 상황을 곧 정확히 확인하여 바로 수정토록 하겠습니다. -고객님, 감사합니다. 제가 지금 즉시 알아보도록 하겠습니다.	-변명은 금물 -최선의 방안을 제시 -성의보임

상 황	내 용	유의점
반론극복	-좋은 질문이십니다. 그와 같은 말씀을 해주셔서 감사드립니다. 그런데... -잘 알겠습니다. 고객님 말씀 충분히 이해하겠습니다. 그런데...	-고객입장을 충분히 이해한다는 표시 후 고객이 납득할 수 있는 답변 제시
감사의 표시	-이렇게 전화 주셔서 감사드립니다. -이렇게 전화 주셔서 감사드립니다. 가능한 한 빠른 시일 내에 문제를 해결하도록 하겠습니다. -고객님, 만약 앞으로도 문제가 생기시면 언제라도 제게 말씀해 주시면 도와드리겠습니다. 감사합니다. -고객님, 이렇게 관심을 가져 주시고, 이해해주시니 정말 감사드립니다.	

lp7. 호텔리어의 전화 응대 자세

[고객 감동 + ∝]

호텔리어의 전화 응대 시 가장 중요한 기본 자질

- 언제나 밝은 미소로 따뜻한 느낌
- 모든 일에 긍정적인 사고를 갖는 자세
- 전문가다운 프로의식

8. 혹시 이런 직원은 없겠죠? ☺ 😐 ☹

- 처음의 인사말이 "아,~여보세요."라고 말하는 경우
- 잘못 걸려오는 전화에 퉁명스럽게 그냥 "아닙니다."하고 끊어 버리는 경우
- "잘 모르겠는데요. 없습니다."를 자신 있게 말하는 경우
- 전화 응대의 태도가 불손한 경우
- 전화건 고객의 용건을 무시하는 경우
- 고객 앞에서 사적인 일로 전화를 길게 하는 경우
- 고객보다 먼저 전화를 끊어버리는 행동
- 무성의한 응대
- 상대방이 누구를 바꿔 달라고 할 때 아무 말 없이 바꿔주는 경우
- 통화중에 주변 사람의 얘기를 듣고 웃거나 하는 행동
- 필요이상의 큰소리로 상대나 주변에게 피해를 주는 행동
- 전화가 걸려 왔을 때 신분을 밝히지 않고 "네"라고 말하는 태도
- 담배를 물거나 껌을 씹으며 통화하는 태도
- 근무 중 카메라 폰으로 장난하는 경우
- 메모 대신 기억력을 신뢰하는 경우
- 턱과 어깨에 걸치고 통화하는 경우
- 전화 응대 중이라 해서 고객에게 전혀 응대를 하지 않는 경우
- 전화를 걸 때 상대방이 통화 가능하지 먼저 묻지도 않고 일방적으로 통화하는 경우
- 고객에게 끊는 말을 되풀이 하게 하는 경우
- 무표정한 얼굴로 고객의 전화를 받는 경우
- 고객의 전화를 설명 없이 다른 부서로 돌리는 경우

고객집중과 적극적인 응대 태도

고객에 대한 Attention이 뛰어난 직원은 이미 고객의 감동을 뛰어넘을 준비가 되어 있는 서비스 마인드가 철저한 직원이다. 고객은 누구나 자신만을 위한 특별한 서비스를 바라며 항상 직원들에게 대접받기를 원한다. 고객감동을 뛰어 넘는 서비스의 해답은 오직 고객에게 주의를 집중하는 데서부터 출발한다.

고객은 나의 혼잣말도 추궁할 권리가 있다. 무심코 던진 말 한마디, 행동하나가 고객의 불만을 야기하고 호텔의 전체적인 서비스 수준을 경정함을 명심하자.

1. 자세의 중요성

[1] 아름다운 자세가 왜 필요할까?

① 자세는 상대방에 대한 그 사람의 태도를 나타낸다.
② 비록 무의식적으로 나온 습관이라 할지라도 한사람에 대한 전체적인 이미지로 평가 할 수 있다.
③ 자세가 바르지 못한 사람은 왠지 마음까지도 바르지 못한 것 같아 신뢰감이 생기지 않는다.
④ 자세는 마음가짐에서 비롯되므로 자신의 인격이나 품위를 나타낸다.

⑤ 첫눈에 보이는 서비스맨의 모습이 호텔 전체 이미지 나아가 그 수준을 의미한다.

⑥ 바른 자세로부터 오는 긴장감은 서비스의 질을 의미한다.

⑦ 더욱 중요시 되는 이유는 그 이미지는 잘 바뀌지 않는다는 결론이다.

외 면	내 면
자 세 표 정 언어 사용	존 경 호 의 성 의

[2] 고객감동 응대를 위한 5S 자세의 생활화

① 일어서기(Stand Up)

② 고객의 눈 바라보기(See)

③ 미소 짓기(Smile)

④ 민첩하게 행동(Speed)

⑤ 상황에 맞는 스킨십(Skin-ship)

2. 올바른 자세와 정중한 안내 방법 ☺ 😐 ☹

[1] 선 자세

① 남 성

- 발은 허리 넓이만큼 벌리거나 발끝을 V자 모양으로 모은다.
- 어깨의 힘을 빼고 팔을 자연스럽게 내린다.
- 손은 왼손으로 오른손을 덮어서 가볍게 단전위에 놓는다.

② 여 성

- 발은 V자 모양으로 모은다.
- 어깨에 힘을 빼고 팔을 자연스럽게 내린다.
- 손은 오른손으로 왼손을 덮어서 가볍게 단전위에 놓는다.

- 선 자세는 전체적으로 천정에서 마치 자신을 당기는 듯한 느낌이 들도록 선다.

[2] 올바른 대기 자세 + α

① 절대로 벽, 기둥, 의자, 탁자에 기대지 않는다.
② 선 자세로 계속 있으면 다리도 아프고 서있기가 무척 힘이 든다. 또 고객을 대할 때도 선 자세를 취하게 되면 매우 딱딱해 보여 고객은 부담을 느끼게 된다. 선 자세는 기본자세를 갖추기 위한 것이고, 고객을 맞이할 때는 정중하면서도 결코 부담스럽지 않도록 편안하고 자연스러운 자세이어야 한다.
③ 장시간 대기 시 종사원간에 잡담, 크게 웃거나, 언쟁을 해서는 안 된다.
④ 고객을 주시하지 않는다. (먼 산 바라보기)

[3] 앉는 자세

① 남 성
- 서있는 상태에서 의자와의 간격이 자신의 걸음걸이의 반보정도, 한발을 뒤로 밀어서 의자가 제 위치에 있는지 점검한다.
- 앉을 시 구김이 덜 가도록 바지를 살짝 들어 올리면서, 의자에 깊숙이 앉은 채 상체를 곧게 한다.
- 등받이에 들을 기대지 않으면 두 팔을 책상 위에 올려놓는다.
- 다리는 허리넓이 정도로 간격을 두고 11자 모양을 만든다. 무릎은 직각이 되도록 한다.
- 영업장에서 근무하는 사람은 의자에 반만 걸쳐 앉아서 언제든지 일어설 수 있게 한다.

② 여 성
- 바지를 입었을 경우 남자와 동일하다.
- 치마를 입었을 경우 왼손은 뒤로 보내 손등으로 뒤쪽을 정리하고 오른손은 앞에서 손바닥으로 앞쪽을 정리한다.
- 무릎은 붙이고 직각이 되도록 한다.

[4] 일어서는 자세

① 남성은 양발을 가볍게 끌어당기며 신속히 일어선다.
② '네'라는 대답은 한 옥타브 올려서 적극적이고 신속하게 응대한다.
③ 여성은 한쪽 발을 반보정도 앞으로 딛고 일어서면서 양발을 가지런히 모은다.

[5] 바르게 걷는 방법

① 바르게 걷는 자세
- 아랫배(단전)에 힘을 주고
- 가슴을 쭉 펴고 똑바로 선 상태에서
- 또렷한 눈빛으로 정면을 향해
- 조금 빠른 템포로
- 3박자 걷기

② 실 내
- 자신의 키보다 3배 앞을 보며
- 밝은 표정으로
- 소리 내지 않고
- 사선걸음으로

③ 실 외
- 상대방의 눈보다 15°위를 보며
- 양손은 바지를 스치고
- 남자는 직선 옆을 밟는 기분으로(11자)
- 여자는 일직선을 밟는 기분으로(1자) 팔을 적당히 흔들며

④ 계 단
- 사선걸음으로
- 조심스럽게

⑤ 상황별
- T. P. O에 따라(Time, Place, Occasion)

⑥ 방향전환

- 왼쪽으로 방향 전환 할 때는 왼발을 먼저 움직인다.
- 오른쪽으로 방향 전환 할 때는 오른발은 먼저 움직인다.
- 뒤돌아 갈 때에는 두세 걸음 뒤로 이동한 후 등이 고객 또는 상급자에게 보이지 않게 돌아서서 간다.

⑦ 고객 앞을 지날 때

- 가벼운 인사를 한 후 조용히 민첩하게 지나간다.
- 사선걸음으로 지나간다.

⑧ 뒤돌아 가는 자세

- 두세 걸음 뒷걸음하면서
- 등이 상급자에게 보이지 않도록 주의
- 연속동작으로

[6] 물건을 주고받는 방법

① 반드시 두 손으로 자신이 고객에게 다가가. 물건의 위치는 가슴 부근에서 주고받는다.

- 올바른 방향으로
- 시선은 고객의 눈 → 물건 → 고객의 눈으로 옮긴다.
  이때 주의 할 점은 반드시 고객의 손에 물건이 옮겨 간 것을 확인한 후에 손을 놓는다.
- 물건을 건넬 때에는 반드시 한 마디의 말을 하면서 건넨다. 예를 들어 "고객님 맡기신 물건 여기 있습니다."혹은 "감사합니다."
- 바닥에 앉아 있는 고객에게는 앉아서, 선 사람이나 의자에 앉아있는 고객은 서서 전달한다.
- 고객이 편하도록 건넨다.
  (R/P : 가방, 가위, 칼 등)

[올바른 방향?]

고객이 보기 쉽게, 받기 쉽게, 사용하기 쉽게, 위험하지 않게 또는 방향을 바꾸어 잡을 필요가 없는 상태

[7] 기록을 부탁하는 방법

① 손바닥이 보이도록 하고 전체로 기록할 곳을 가리킨다.

② 고객이 기록하는 손놀림에 시선을 절대 두지 않도록 한다.

[8] 방향 안내 방법

① 고객이 도움을 요청하면
"네, 고객님. 무엇을 도와드릴까요?"라고 적극적 응대

② 고객의 질문은 다시 한 번 확인해 줄 필요가 있다.

③ 손가락이 아닌 손바닥 전체로 안내

④ 가까운 거리엔 팔꿈치를 구부리고, 먼 거리는 팔을 좀 더 펴준다.

⑤ 손목이 꺾이지 않도록 정중하고 바른 자세로

⑥ 마지막 끝인사 "즐거운 시간 되십시오", "안녕히 가십시오."

⑦ 3단계 시선의 움직임(고객의 눈→안내할 목적지 방향→고객의 눈)

[9] 고객을 직접 안내하는 방법

① 고객을 안내할 때의 기본자세

- 고객의 좌측에서 약2보정도 앞서간다.
- 수시로 돌아보며 확인하면서(속도, 보조)
- 방향이 바뀔 때는 안내 멘트가 필요
- 도착지 확인, 고객님 ○○○입니다. 문을 열어 드리고 끝인사로 마무리 한다.

② 출입문을 통과할 때

- 노크는 1초에 한번씩 2~3회면 충분하고 노크 후 문을 바로 열지 않고 2초

정도 대답을 기다린 후 기다린 후 문을 연다.

- 가능한 자신의 뒷모습을 보이지 않는다.
- 문을 열고 닫을 때는 소리가 나지 않도록 하고, 걸을 때 발소리를 내지 않는다.

③ 엘리베이터에서

- 엘리베이터를 탈 때는 고객보다 나중에 타고, 문 옆에 서서 타고 내리시는 고객을 안내한다.
- 제일 먼저 내려서 버튼을 누르고 안전하게 내릴 수 있도록 버튼을 잡는다. (상황에 따라서는 안에서 버튼을 잡고 안내할 고객들이 다 내렸는지 확인하는 경우도 있다)
- 고객이 타고 있는 엘리베이터를 향해 뛰거나 다시 잡지 않는다.
- 다른 고객을 위해 엘리베이터를 잡을 경우 이미 타고 계신 고객에게 사과의 말을 하도록 한다.
- 엘리베이터 안에서 직원끼리 잡담을 하거나, 고객을 너무 응시하지 않는다.

④ 계단에서

- 계단에서 손잡이가 있는 쪽을 고객에게 먼저 권한다.

⑤ 에스컬레이터에서

- 올라가는 에스컬레이터에서는 치마를 입은 여성과 동행 할 경우는 남성이 먼저 타고, 내려갈 때는 앞에서 먼저 내려간다.(여성고객이 짧은 치마를 입었을 경우 먼저 권유하지 않는다.)

⑥ 회전문에서

- 회전문은 직원이 먼저 밀면서 나가 고객이 나오는 것을 도와준다.

⑦ 사무실, 응접실문 여닫기

- 문을 열 때도 직원이, 문을 닫을 때도 직원이 한다.
- 손잡이는 끝까지 잡아서 닫도록 한다.
  (순식간에 “쾅”하고 닫히면 모두에게 실례가 될 수 있다)

⑧ 상석의 위치 안내

- 고객의 좌석 지정

> **Tip**
> **고객의 좌석을 지정하는 3가지 원칙**
>
> • 출입문과 가장 먼 자리
> • 가장 편안하고 안정된 자리
> • 전망이 가장 좋은 자리

> **Tip**
> **다음의 상황에서 가장 상석은 어디일까요?**
>
> • 응접실에서의 상석
> • 자동차에서의 상석
> • 기차 안에서의 상석
> • 엘리베이터에서의 상석

[10] 바닥 밑에 떨어진 물건을 줍는 자세

등을 세우고 한쪽 무릎을 약간 아래로 굽혀서 몸 전체의 높이를 낮추는 것이 중요

- 한쪽 손으로 스커트 자락을 누르고
- 일어 설대는 한 번에 일어선다.
- 엉덩이를 뒤로 들지 않도록 한다.

3. 적극적 응대 방법

[1] 말할 때의 기본예절

① 명령형 ⇒ 의뢰형 (ex : ~하세요. -> ~해주시겠습니까?)
② 부정형 ⇒ 긍정형 (ex : 안돼는데요. -> ~ 좀 어려울 것 같습니다.)
③ 밝은 표정
④ 경양어, 존대어 사용 (ex : 없는데요 -> 안계신데요)

⑤ 표준어 사용 (ex : 근데,,, -> 그런데
⑥ 간결, 명확

[2] 들을 때의 기본예절

① 고객의 입장에서
② 바른 자세로 경청
③ 대화의 1,2,3법칙

[3] 고객과의 대화 시 주의사항

① 고객이 싫어하는 화제는 피한다. (종교, 정치, 개인 신상, 지역문제)
② 호텔전문용어
③ 부정적인 말, 푸념, 짜증 섞인 말
④ 고객이 말한 것은 반드시 다시 복창, 잘못 알아들었으면 다시 물어본다.
⑤ 고객의 성함, 직함
⑥ 고객에게 늘 감사의 표현
⑦ 혼자오신 고객의 경우 대화의 상대가 되어주되, 경청하는 자세를 견지
⑧ 자주 오시는 고객이라도 동행이 있을 경우 대화를 신중하게
⑨ 고객 안내 시 "이쪽으로 오시겠습니까?"
⑩ 고객 안내 시 "줄 서주시겠습니까?""
⑪ 즉시 처리가 가능할 경우 "잠시만 기다려주시겠습니까?. 곧 처리해 드리겠습니다.", "잠시만 기다려주시겠습니까? 곧 알아봐드리겠습니다."
⑫ 오랫동안 고객이 기다린 경우 "오래 기다리셨지요? 죄송합니다."

[4] 서비스 하다가 안 되는 이유?

예) 정통이태리 식당에서 김치를 요구?

- 사과의 말씀 + 상황 설명 + 대안제시
- "선생님 정말 죄송합니다만, 저희 레스토랑에서는 김치가 준비되어 있지 않아 서비스가 어렵습니다. 대신 다른 소스를 준비해 드릴까요?"

4. 이런 직원은 없겠죠? ☺ 😐 ☹

- 혼잣말로 푸념을 하고 있다. → "바빠 죽겠는데, 웬 손님이..."
- 즉시 반대한다. → "안됩니다..."
- 자기 비하를 한다. → "새로 입사하여 잘 몰라서..."
- 과장되게 이야기 한다. → 금년에 무려 800%나 신장해서..."
- 자신이 없는 이야기 → "아마 그럴 겁니다..."
- 무표정하거나 화난 표정으로 고객을 쳐다본다.
- 고객을 바라보지 않고 이야기 한다.
- 직원들 간에 고객의 험담을 한다.
- 직원들 간에 반말하거나 잡담을 한다. (언니/오빠/야 ... 등)
- 고객 앞에서 사적인 통화를 한다.
- 고객 앞에서 음식물을 섭취한다.
- 고객 앞에서 기물을 정리할 경우 소리를 낸다.
- 바빠서 고객을 못 본 척 한다.
- 너무 서두르거나 뛰는 모습
- 고객에게 뒷모습을 보인다.
- 고객의 소지품을 허락 없이 만진다.
- 작은 것이라고 고객의 물건을 함부로 다룬다.
- 나이가 어린 고객에게 반말을 한다.

[고객감동 + ∝]

Attention이 뛰어난 직원은 고객이 가장 필요로 하는 직원이다. 진정한 Attention은 고객의 테이블위에 부족한 것을 살피는데 열중하는 것이 아니라, 고객의 내면 심리상태까지 걱정하고 살피는 고운 마음이다.

컴플레인 처리와 고객감동 유도법

우리가 서비스를 아무리 완벽하게 해드렸다 해도 고객으로부터의 불평은 간혹 생기기 마련이다. 왜냐하면 인간은 결코 완벽할 수 없으며 주관적인 사고를 가지고 있기 때문이다. 때로는 분제가 고객의 오해와 착각에 의해 발생하기도 하지만 대부분 그 나름대로의 이유가 있다. 이러한 고객의 불평을 얼마만큼 소중하게 다루고 어떤 방법으로 잘 처리하느냐에 따라 고객을 영영 잃을 수도 있고 또 오히려 우리의 단골고객으로 만들어 우리 회사의 Key-man으로 관리할 수도 있다.

고객으로부터의 어떠한 지적이나 혹은 불평이 발생했을 경우 항상 긍정적인 자세로 고객의 입장을 먼저 생각하고 고객의 입장에 서서 정확한 원인을 파악하여 고객의 불평에 대한 해결 방안을 강구하며, 고객에게 호감을 줄 수 있는 만족한 조치가 이루어지도록 신속하게 처리해야 한다. 그럼으로써 호텔의 이미지를 향상시키고 신뢰감을 더 높여서 고객으로 하여금 재방문의 기회로 마들어야 기업의 궁극적인 목표인 고객감동을 통한 기업의 이윤을 극대화 시킬 수 있다.

1. 고객 불평 예방 테크닉

[1] 친밀감 형성기법

① RAPPORT란 고객과 응대자 사이에 형성되는 친밀감(공감)을 말하며 고객과 응대자 사이에 벌어져 있는 GAP을 이어주는 다리와도 같은 역할을 한다.

② RAPPORT형성을 위한 4단계
- 성의 있는 관심을 가져라.
- 자신만의 개성을 이용하라.
- 자신의 일을 즐겁게 하라.
- 품위는 반드시 지켜라.

③ RQ기법 : RQ(Rapport Question)기법이란 고객의 관심 또는 흥미를 유발할 수 있는 간단한 질문으로 친밀감을 형성하는 기법을 말한다.

> ex) C : 뷔페가 얼마죠?
> S :

[2] 부드러운 제의

① 부드러운 제의란 고객에게 이익이 될 수 있는 혜택들은 가벼운 질문을 통해 제의하여 고객으로부터 선택할 수 있는 기회를 주는 것을 말한다.

> ex) – 혹시 이 상품에 대해서 들어 보신 적이 있으십니까?
> – 혹시 자료를 우편으로 보내드려도 될까요?

[3] 질문 기법

① 고객의 흥미를 유발 및 대화 유도
- 저희 여름 Package 상품의 혜택에 대해 알고 계십니까?
- 저희 호텔 로비에서 벌이는 칵테일파티에 한번 와보시겠습니까?

② 고객의 욕구 파악
- 주류는 별도로 준비하시겠습니까?
- 7월 14일부터 15일까지 이틀간 투숙하십니까?

[4] 경청기법

① 경청의 중요성
- 우리는 상대방의 말을 잘 듣고 있어야 하는 순간에도 자신이 할 말을 준비하고 있는 경우가 많다. 고객은 자신의 말을 성의껏 들을 줄 아는 훌륭한 경청자를 갈망하고 있다.
- 효과적인 경청을 통해서만 고객의 감정상내, 요구사항, 관심사 등을 파악할 수가 있다.
- 고객의 진정한 의도를 이해하면 그 안에 모든 문제해결의 실마리를 찾아낼 수 있다.

② 경청기법
- 경청은 '귀 기울여 잘 듣는 것'임을 명심하라.
- 고객의 의도와 생각에 집중하라.
- 말수도 다이어트 하되 고객을 이해하고 있다는 것을 확인시켜 주어라.
- 주관적 감정이나 편견을 갖지 말라
- 성급하게 판단하여 말하지 말라.
- 끈기 있게 들어라.
- 정중한 질문을 통해 확인하라.
- 특히 정중한 사과와 감사의 인사를 잊지 말아야 한다.

[5] 반론 극복법

① 반론이란 : 고객의 서비스나 상품에 대한 '의문사항'으로 고객이 오해하고 있는 사항이나, 좀 더 충분한 근거의 필요를 나타내는 것이다.

② 반론을 제기하는 고객의 심리상태
- 상황에 대해 혼돈스럽다.

- 분명한 해명을 요구한다.
- 충분한 이해가 되지 않는다.

③ 반론 발생원인

- 고객의 질문에 효과적으로 대답을 하지 못했을 때
- 불충분한 지식 (부적절한 설명)

④ 반론 극복 방법

- Yes/But 기법을 활용하라. - "네, 그렇습니다. 그러나 /하지만~ ~"
  예) "아 네, 가격이 좀 비싸다고 생각하시는군요. 하지만~"
- 3F테크닉을 활용하라. (Feel-Felt-Found)
  예) "네, 가격이 좀 비싸다고 생각하시는군요. 가끔은 다른 분들도 그런 말씀을 하십니다. 그러나 "
- 고객의 반론을 질문으로 바꿔라.
  예) "예, 타 호텔과 비교해서 가격이 좀 비싸다고 생각하십니까?"
- 넓은 의미의 반론을 구체화, 축소화해라.
  예) "타 호텔과 비교할 때 어느 정도 비싸다고 생각하십니까?"
- 혜택을 강조해라.
  예) " 금액이 다른 호텔에 비해 다소 높긴 하지만 이 패키지는 사우나를 포함해서,,,,,"
- 타사 제품과 비교설명을 철저히 준비하라.
- 반론에 대한 답변은 한 가지가 아님을 꼭 유념하라.
- Single Story를 이용하라.(타인의 경험을 재미있게 이야기 하라.)

⑤ 요약 및 종결 기법

ex) C : 지금 바로 확인해 주세요. (5분 정도 시간이 소요)
S :

C : 그럼 빨리 시청토록 하세요.
S :

C : 네, 알았어요, 그럼 그쪽으로 방문하죠.
S :

2. 고객감동과 고객 불만

[1] 컴플레인이란?

① 컴플레인 하는 고객의 심리상태는? : 감성적, 비이성적, 비성인적, 요구조건이 많고 무엇보다 불쾌해 있다.

풍선의 바람을 빼는 2가지 방법
- 터뜨리게 되면 영원히 잃게 된다.
- 그냥 자연스럽게 바람이 빠지도록 한다.

[2] 컴플레인 발생원인

① 고객과의 불충분한 커뮤니케이션 때문에
② 수준이하의 서비스 때문에
③ 고객의 지나친 기대 때문에

(1) 사전기대란? 경험에 의해 생긴 만족도에 대한 사전적 생각

(2) 만족이란? 구입한 제품 및 서비스가 고객의 요구와 기대를 충족시킨 상태

기대 > 사용 후 느끼는 기대 :
기대 = 사용 후 느끼는 기대 :
기대 < 사용 후 느끼는 기대 :

(3) 개인적 경험 토론 :

[3] 고객의 불평·불만에 귀를 기울여야 한다.

① 불평하는 고객이 진정 귀한 고객이다.
② 고객의 불평 · 불만을 대하는 마음가짐

고객의 불평·불만	4% : 표현한다.(불평)
	96% : 표현하지 않는다.(불만)

[4] 고객의 권리

① 안전의 권리
② 정보를 받을 권리
③ 선택할 권리
④ 의사를 반영할 권리
⑤ 보상을 받을 권리
⑥ 쾌적한 환경을 제공받을 권리

3. 고객의 불평 · 불만을 어떻게 처리해야 하는가? ☺ 😐 ☹

[1] 고객 불평처리 기본 요령

① 진지한 표정 (상황에 맞는 표정)
② 인내심을 갖고 경청
③ 고객에게 말려들지 않도록
④ 언쟁은 금물
⑤ 진심으로 사과
⑥ 고객 추궁은 금물
⑦ 신속히 처리

[2] 기본적인 응대만으로 부족할 경우

① 고객과 입장을 바꿔 생각
② 자세도 유의
③ 작은 목소리로 이야기
④ 장소변경
⑤ 대안을 강구
⑥ 합의사항을 실천
⑦ 업무처리 절차를 긍정적으로 설명
⑧ 혼자 해결이 불가능한 경우 교대

[3] 고객의 불평·불만 처리의 4단계

단계	내용
1단계 사유듣기	• 고객의 감정을 파악 • 끝까지 듣는다. • 반드시 메모 • 절대로 피하지 않는다. • 변명하지 않는다.
2단계 원인규명	• 업무적 측면 • 심리적 측면 • 복합적 측면
3단계 해결책강구	• 신속한 응대 • 책임한계의 명확화 • 정중히 잘못 시정
4단계 결과보고, 효과검토	• 피드백

[4] 고객 불평·불만처리의 MTP법

① 사람을 바꾼다.(MAN)
② 시간을 바꾼다.(TIME)

③ 장소를 바꾼다.(PLACE)

[5] Recovery System

불만고객 ⇒ 물적보상 ⇒ 심적보상 ⇒ 단골고객

[6] 대표적 고객의 유형

① 신경질적인 고객
② 말 많은 고객
③ 의심 많은 고객
④ 잘난 체 하는 고객
⑤ 성급한 고객
⑥ 자신감 없는 고객
⑦ 깐깐한 고객
⑧ 난폭한 고객
⑨ 고집 불통형 고객
⑩ 추근덕대는 고객
⑪ 어린이 고객
⑫ 장애 고객
⑬ VIP고객
⑭ 미국인
⑮ 일본인

[7] 불만 처리 10계명

① 무조건 정중히 사과해라.
② 끝까지 잘 듣는다.
③ 선입견은 금물
④ 변명하지 않는다.
⑤ 감정적 대응 금물

⑥ 최우선 처리
⑦ 기회로 생각
⑧ 모든 가능성을 생각하여 처리
⑨ 권한 내에서 처리
⑩ 감사의 인사 반드시

[8] 불만처리의 4가지 원칙

방 법	원 칙
① 원인 파악의 원칙	클레임의 원인을 정화기 알아야 한다.
② 신속 해결의 원칙	가능한 빠른 시간 내에 해결해야 한다.
③ 우선 사과의 원칙	클레임을 건 고객의 심리상태 기억
④ 불논쟁의 원칙	회사의 잘못이 아니더라도 고객의 말꼬리를 잡거나 트집은 삼가

4. 고객 불만률 Zero에 도전하는 서비스맨이 되자☺ 😐 ☹

① 고객에게 물어 본다.
② 체계적으로 들어야 한다.
③ 열심히 들어야 한다. => "처음부터 제대로 해라."
④ 화끈하게 해결해야 한다.

[1] 고객감동의 효과

① 감동
- 단골고객 창출
- 좋은 소문을 낼 수 있는 수단
- 경쟁력 강화

② 불만족

- 구매단절 (고객 상실)
- 나쁜 이미지
- 경쟁력 약화

[2] 시점별 서비스

① Before Service

② On Service

③ After service

[3] 무엇이 고객을 감동 시키는지 생각해 보자.(상황별)

- 병원에서 :
- 은행에서 :
- 레스토랑에서 :
- 항공기에서 :
- 주유소에서 :

[4] 고객에게 기본적인 고객응대 마인드를 갖자.

① 고객의 시간은 돈이다.

② 고객의 요구에는 언제나 성의 있고 적극적으로 응대

③ 동료와 정보를 공유

④ 매니저는 오케스트라의 지휘자

⑤ 여성 고객에게는 섬세하게 대응

⑥ 어린이는 미래의 잠재고객

⑦ 노인고객은 우리의 보살핌이 필요

⑧ 장애고객 배려(이해)

⑨ 다국적 고객응대를 위한 국제적 감각은 필수고객은 누구나 환영 받을 권리가 있다.

⑩ 우리시야에서 고객이 완전히 사라질 때까지

[5] 준비된 서비스는 고객감동을 뛰어넘을 수 있다.

- 사례연구 :

[6] 화난 고객 앞에서 자신에 대한 평가

아래 설문을 보고 화난 고객을 진정시키는 자신의 기술이 어느 정도인지 평가해 보도록 한다.

<1. 결코 아니다 2. 거의 아니다 3. 보통이다 4. 가끔 5. 항상>

1. 나는 화난 고객을 항상 진정시킬 수 있다.
2. 화난 고객과 함께 있을 때 나의 기술은?
   ① 가만히 듣는다.
   ② 중간에 끼어들지 않는다.
   ③ 당황하지 않고 고객의 관심거리에 집중해 준다.
   ④ 고객에게 방어적인 태도를 취하지 않고 응대한다.
   ⑤ 자신 있게 고객과 시선을 마주친다.
   ⑥ 언제쯤 상사를 개입시킬 것인지를 행각한다.
   ⑦ 고객의 불만을 충실히 메모한다.
   ⑧ 상황에 적절하게 얼굴 표정을 짓는다.
   ⑨ 자신감 있고 의욕 있는 목소리로 응대한다.
   ⑩ 문제의 발생 원인을 핑계대지 않고 정중하게 사과한다.
3. 화난 고객이 떠난 후
   ① 나의 감정을 통제할 수 있다.
   ② 그런 상황이 다시 반복되지 않도록 노력한다.
   ③ 자신이 무엇을 잘못했으며 무엇을 잘했는지 분석해 본다.

☞ 자신의 점수는? 61-70 : 훌륭하다. 51-60 : 좋은 편이다.	41-50 : 좀 더 기술을 갈고 닦을 필요가 있다. 31-40 : 상사로부터 도움을 받아야할 필요가 있다. 21-30 : 지금즉시 개선해야 한다.

5. 이런 직원은 없겠죠? ☺ 😐 ☹

- 고객 컴플레인시 먼저 "죄송합니다."라고 말하지 않는 경우
- 문제 발생시 타부서의 잘못이라 고객 앞에서 책임을 전가시키는 경우
- 고객이 불평을 토로할 때 변명하면서 잘못을 지적하는 경우
- 고객보다 더 큰 목소리
- 고객의 말을 중간에 끊는 경우
- 부정적인 말을 하는 경우
- 고객을 무시하는 말이나 행동을 하는 경우
- 고객이 없는 것을 찾을 경우 찾아보려는 노력 없이 직설적으로 대답하는 경우
- 고객이 모르는 호텔용어를 남용하는 경우
- 한국어는 물로, 일어, 영어의 격식 없는 표현을 쓰는 경우
- 고객의 불편사항이나 지적사항을 메모하지 않는 경우
- 본인이 해결하기 힘든 사항을 지배인 또는 상급자에게 알리지 않는 경우
- 고객 컴플레인을 대수롭지 않게 생각하는 경우
- 컴플레인 고객에게 사과의 전화나 메일 등 적절한 피드백을 하지 않는 경우
- 무표정으로 서비스 하는 경우
- 고객을 존중하지 않는 응대
- 정중한 언어를 사용하지 않는 경우
- 고객의 관심사에 전혀 신경을 안 쓰는 경우
- 고객의 이름을 불러주지 않는 경우
- 고객에 대한 서비스를 항상 연구하지 않는 경우

고객만족

"고객이란 무엇인가? 고객은 이 사무실에서 가장 중요한 사람이다. 고객이 우리에게 의존하는 것이 아니라 우리가 고객에게 의존하고 있다. 고객은 우리의 일을 방해하는 것이 아니고 우리 일의 목적이다. 우리가 고객에게 서비스를 제공하는 것이 고객에게 호의를 베푸는 것이 아니라 고객이 우리에게 서비스를 제공할 수 있는 기회를 줌으로써 고객이 우리에게 호의를 베푸는 것이다. 고객은 말다툼의 대상이 아니며 어느 누구도 고객에게 주장을 해서 승리할 수는 없다. 고객과 우리 자신에게 도움이 되도록 서비스하는 것이 우리의 일이다."

1. 고객 만족의 중요성 ☺ 😐 ☹

[1] 왜 고객 만족이 필요한가?

서비스의 시작은 고객의 눈을 통해 기업의 생각을 보는 것에서 출발한다. 우리가 고객의 눈으로 기업의 생각을 보기 위해서는 먼저 고객에 대해서 잘 알아야 한다.

스스로 아래의 질문에 답을 해보도록 하자

질 문	답
1. 우리의 고객은 누구인가? 2. 고객의 욕구는 무엇인가? 3. 고객의 관심사는 무엇인가? 4. 고객의 구매 동기부여는 무엇인가? 5. 고객이 재구매를 하게 만드는 것은 무엇인가? 6. 고객을 만족시키는 것은 무엇인가? 7. 고객이 감동하는 요소는 무엇인가?	

고객이 제품 및 서비스를 구입하여 만족하게 되면 재구매로 이어지고, 고정고객을 확보할 수 있으며, 주변에 좋은 구전을 전파하여 신규고객도 창출되어 결국 매출이 증대된다. 또한 기존고객이 반복 구매하고, 구전에 의하여 신규고객이 창출됨으로서 판매비 · 광고비 등의 비용절감도 할 수 있다.

그러나 불만족하게 되면 재구매가 중단되어 고객을 상실하게 되고, 나쁜 구전을 주변에 전파함으로서 잠재고객까지도 상실되므로 매출의 감소를 가져다준다.

따라서 고객만족은 기업의 좋은 이미지 유지와 시장 확대를 위해 매우 중요하다.

[2] 고객 감동을 뛰어 넘기 위한 마케팅 철학?

① 마케팅이란?

② 호텔과 호텔 서비스를 필요로 하는 人(고객)

③ 기업이 망한 이유

④ 기업이 성공한 이유

- 할인점의 전략
- 호텔의 전략

⑤ 고객을 잃어 가는 방법

- 자만 경영
- 변화에 무신경(고객의 변화, 시장의 변화)
- Hotel +기본 서비스

⑥ 고객을 늘려 가는 전략

[3] 고객 유지의 중요성

① 사전 기대 > 실제 경험 → 감동한 고객 → 평생 고객

② 사전 기대 < 실제 경험 → 실망한 고객 → 이탈

- 사전 기대 파악
- 사전기대 + α
- 구체적인 + α
- 바람직하지 못한 + α

③ 기존 고객 유지비용

- 실망시키지 않는다. (기대 충족)
- + α

④ 신규 고객 유지비용

- 비용 - 광고
- 영업사원
- 판촉
- 이벤트
- 직원 고용
- 수고
- 업종에 관계없이 막대한 비용이 소요됨

[4] 우리의 미래는 고객 감동에 달려 있다.

① 실망한 고객 , 우리를 파멸시킨다.

- 사전 기대 > 실제 경험 : 실망

② 만족한 고객은 우리를 다시 찾지 않는다.

- 사전 기대 = 실제 경험 : 만족

③ 감동한 고객만이 우리의 미래에 관심을 갖다 준다.

- 사전 기대 < 실제 경험 : 감동
- 사전 기대 + α

④ 감동이상을 경험 한 고객만이 우리를 살린다.

- 사전 기대 < 실제 경험 : 감동 → 이상

• 사전 기대 + α + α

[5] 우리의 최악의 큰 실수?

① 사전 기대 < 실제 경험 : 감동 → 사전기대 > 실제 경험 : 불만, 이탈

② $-\alpha$ 요인?

- 무관심
- 바가지
- 떨어지는 음식 맛
- 환영과 환송이 전혀 다른
- 성의 없는 말 한마디
- 마지못해 하는 듯한 행동
- 고객을 응시하지 않고 먼 산 바라보기
- 책임 회피
- 주방에서 세어 나오는 직원들의 수다
- 무시하는 눈빛

Tip 고객만족경영 10계명

1. 고객의 소리를 경청하라.
   칭찬뿐만 아니라 질책이나 불평, 더 나아가 침묵의 소리까지 경청하라.
2. 고객의 마음을 읽어라.
   고객의 머리가 아닌 마음을 읽고 마음을 열게 하라.
3. 고객의 입장에서 생각하고 행동하라.
   "내가 고객이라면 무엇을 원할까"라는 역지사지(易地思之)의 자세가 중요하다.
4. 고객 접점을 중시하라.
   전화, 현관, 상담실, 영업소 등 고객과 만나는 곳에서 고객만족이 결정된다.
5. 진실의 순간을 활용하라.
   고객과 만나는 최초의 순간 약 15초안에 만족과 불만족이 결정된다.
   만남의 순간, 밝은 목소리와 표정이 중요하다.
6. 약속은 반드시 준수하라.
   특히 손해를 감수하더라도 약속을 준수할 때 고객은 신뢰감을 갖는다.
7. 규정은 고객 중심으로 해석하라.
   규정을 무기로 고객을 따돌려서는 안된다. 규정이란 방어용이 아닌, 고객을 위한 서비스용으로 해석돼야 한다.
8. 서비스 보상체계를 갖춰라.
   서비스가 무너졌을 경우 말로만 때워서는 안된다. 가격을 할인하거나 보상품 등으로 반드시 보상하라.
9. 내부고객(직원)을 관리하라.
   직원이 신나야 진정한 고객만족 서비스가 가능하다. 적정한 보수, 자율성 존중, 칭찬 등으로 신바람을 일으켜라.
10. 핵심기술을 혁신하라.
    식당이라면 맛, 병원이라면 의료기술이 핵심이다. 핵심기술이 낙후되면 고객만족은 원천적으로 불가능하다.

2. 고객 감동 혁신을 위한 접X근 ☺ 😐 ☹

(1) Voice of Customer

① VOC수집
② VOC활용
③ 고객의 불만, 불평과 고객 칭찬, 감동

(2) 고객 관찰지

① 고객 관찰지 작성
② 고객 관찰지 활용

(3) 서비스 사이클

① 자만 경영, 자만 서비스
② 준비하는 서비스 인, 변화하는 서비스 인

3. 고객 관찰지 작성 요령 ☺ 😐 ☹

(1) 고객 관찰지를 작성하는 목적?

① 고객의 기호 및Needs파악
② 개인
③ 회사

(2) 고객 관찰지의 대상 고객?

(3) 고객 관찰지는 언제 작성할까요?

(4) 고객 관찰지 작성을 돕는 필수 요인

① Fiendly
② Attention

(5) 고객 관찰지 작성 시 100%완벽을 기하려면?

① 되도록 모든 것을 다 볼 수 있어야 한다.
② 나의 관찰력
③ + α

(6) 고객 관찰지 작성 시 고객을 바라보는 우리의 시선 처리?

(7) 고객 관찰지를 많이 작성 할 수 있는 방법?

① 상황 (현실)
- 하루에 만나는 고객은 어느 정도 정해져 있고!
- 업무가 바빠서 작성할 시간이 없는데
- 늘 만나는 고객, 별다른 특이 사항이라곤 없는데

② 결과 (꿈의 기록)
- 하루 20EA, 한달 600EA

③ 방법?

(8) 고객 관찰지 기본 작성 요령 (무엇을 작성하는 것일까?)

① 고객 성명
② 고객 Room No
③ 고객 특징 - 기입 시 단어 사용에 유의한다.
- 성별
- 나이
- 키
- 몸무게
- 헤어스타일 (스포츠, 올백, 파마, 생머리, 곱슬머리, 머리색, 염색 브릿지)
- 옷 입는 스타일
- 선호하는 색
- 선호하는 브랜드
- 얼굴의 특징 (얼굴형, 얼굴 색, 주름, 보조개)

- + α 특징을 함축할 수 있는 별명
- 고객을 보자마자 제일 먼저 눈에 띄는 것 (눈, 헤어스타일, 윗옷색깔, 체형)
- 고객을 보고 비슷한 사람 (연예인, 동료)

④ 고객 특별 사항

- Passport No
- 생년월일
- 국적
- E-Mail Adds
- 전화 번호
- 주소
- Room Type
- 투숙 기간 (年 月 日 ~ 年 月 日)
- 방문 목적 (Tour, Business, Casino)
- 계약 회사
- Special Service Code
- 기타 예약 사항 및 고객 Remark
- Airport P/U
- 고객 객실 관련 취향 (Bath Robe, High Floor, Non Smoking, River View)
- History Remark
- Complaints

(8) 고객 관찰지 작성 실전 대비 문제 (Lounge)

① coffee를 좋아하심 →
② 달걀 요리를 드심 →
③ 주스를 많이 드심 →
④ 과일을 좋아하심 →
⑤ 우유를 드심 →
⑥ 땅콩을 좋아 하심 →
⑦ 빵을 좋아 하심 →
⑧ 홍차를 좋아 하심 →

(9) 고객 관찰지 작성 (특이 사항)

① 시리얼 + 토마토 주스
② 연어는 반드시 구워서
③ 물을 안 드심 (에비앙, 보리차)
④ 여름 무더위에도 주스만 (NO ICE)
⑤ 여름 무더위에도 항상 긴 팔의 셔츠에 장갑 착용
⑥ coffee (B/sugar1/2, W/sugar1/2), 각설탕(B/W)+W/P, Milk
⑦ 달걀 요리-노른자만 드심
⑧ 달걀 3EA, 달걀 4EA
⑨ 달걀요리 + 간장
⑩ 달걀 오믈렛 (버섯과 양파)
⑪ 달걀 요리 W/Bacon
⑫ 과일 (사과, 바나나, 딸기, 메론, 키위)+플레인 요구르트
⑬ 자몽주스 2잔, 파인주스 2잔
⑭ 우유, 토마토 주스, 오렌지 주스, 자몽 주스 모두4잔 식전에
⑮ 홍차에 레몬 많이
⑯ 수박+소금 듬뿍
⑰ 토마토 주스+소금 듬뿍
⑱ 얼음2EA, 물1/3, 알코올2/3
⑲ 우유1잔 + 아몬드시리얼 + 호두 + 잣 → 과일 (바나나2EA) → 달걀 (야채스크램블, 베이컨) → 팬케익2EA + 시럽 충분히 → 아메리칸 커피 (2잔, NO SUGAR)
⑳ 조식때 식전 양주1/2 B시

4. 고객 관찰지 작성후 우리의 할 일? ☺ 😐 ☹

① 관찰한 내용을 즉시 기록하는 습관
② Room No, 성함, 외모 , 취향 반복 , 암기
③ 고객이 재 방문 시 고객 취향에 맞춤 서비스를 제공 → 고객 감동

고객이 최상의 서비스를 받을 수 있도록 본인이 여러 서비스를 Recommend 하여 다양한 서비스를 제공하려고 노력

④ + α, 고객에게 적극적으로 다가가는 서비스 마인드 철저한 직원

⑤ 나만의 차별된 데이터베이스 저장

5. 고객 관찰지를 통한 예견 서비스 실행(R/P) ☺ 😐 ☹

① 물을 안 드시는 고객이 테이블 착석한 경우

② 에비앙만 드시는 고객에게

③ 업장에 없는 보리차를 원하는 고객에게

④ 연어를 구워 드시는 고객이 착석하면

⑤ 유난히 더위를 타시는 고객에게

6. 이런 직원은 없겠죠? ☺ 😐 ☹

- 고객 관찰지 작성만 하는 직원
- 어제 C/in한 고객의 얼굴을 기억 못하는 직원
- 어제 C/in한 고객의 이름을 불러 주지 않는 직원
- 고객의 취향을 기억했다 먼저 권유 하지 않는 직원
- 고객에게 예견 서비스를 하지 않는 직원
- 고객 Room No,숙지하지 않아 엘리베이터 앞에서 고객의 얼굴만 쳐다보는 직원
- 어제 함께 식사했던 일행이 같이 식사하러 오지 않았을 때 안부를 묻지 않는 직원

나의 생활 태도 바꾸기

1. 나의 서비스 성향 ☺ 😐 ☹

고객 서비스의 윤활유가 되는 것은 서비스 성향입니다. 가치관, 사교성, 상대에 대한 배려 등이 중요합니다. 특히 대부분의 고객이 수동적이고 정적인 우리나라에선 더욱 그렇습니다. 흔히 서비스업은 누구나 할 수 있다고 생각하지만 그렇지가 않습니다.

아래에 자신이 서비스 성향을 가지고 있는 사람인지 아닌지 테스트 할 수 있는 간단한 체크 리스트가 있습니다.. 같이 점검해 보실까요?

(1) 나는 처음 만난 사람과 대화하는 것을 좋아한다.
(2) 친구가 고민을 털어놓을 때 어떻게 해서든 해결해주려고 노력하는 편이다.
(3) 나는 명절에 집안이 시끌벅적한 것이 좋다.
(4) 처음 본 사람들은 나에게 호감 가는 인상이라고 말한다.
(5) 친구가 오해를 하고 화를 내도 일단 참고 보는 성격이다.
(6) 길을 가다 누군가 길을 물어보면 자세히 알려주는 편이다.
(7) 친구나 가족을 위해 깜짝 파티를 준비해 본적이 있다.
(8) 사람들은 내가 매사에 긍정적이라고 한다.
(9) 나는 어른을 만날 때와 친구를 만날 대의 옷차림을 구분하는 편이다.

(10) 나는 한가지 일을 짜증내지 않고 꾸준히 하는 편이다.
(11) 나는 상대의 얼굴만 봐도 마음 상태를 알 수 있다.
(12) 나는 자원 봉사를 하거나 후원금을 낸 적이 있다.
(13) 나는 주위 사람들에게 상냥한 편이다
(14) 약속이 있을 경우 털털한 모습으로 나가기보다 꾸미고 나가는 편이다.
(15) 지하철이나 버스를 타면 노약자에게 자리를 양보한다.
(16) 필요하다면 자존심을 버릴 용기가 있다.
(17) 주위 사람들에 대해 관심이 많은 편이다.
(18) 평소에 설득력이 강한 편이다.
(19) 나는 사진을 찍을 때 활짝 웃는 모습이 자연스럽다.
(20) 문제를 해결할 때 감정보다는 이성을 앞세운다.

▶▶ A형 : 16～20개 B형 : 11～15개 C형 : 6～10개 D형 : 1～5개

A형

당신은 타고난 서비스맨입니다. 만약 서비스업을 택하면 아주 훌륭하게 고객 만족을 실천할 수 있습니다. 지속적으로 단골 고객을 만들 수도 있고, 문제 해결 능력도 뛰어납니다. 사람을 직접 상대하는 직업이 가장 잘 어울립니다.

B형

당신은 비교적 높은 서비스 성향을 가지고 있고 인간관계도 원만한 편입니다. 서비스업을 택해도 무난하게 어울릴 것 같군요. 부족한 면이 있다면 아직 서비스 방법을 잘 모르거나 회사에서 충분한 자극을 주지 않았기 때문이므로 당신은 얼마든지 서비스를 잘할 능력이 있습니다.

C형

당신은 잠재적으로 서비스 성향이 어느 정도는 있습니다. 하지만 지금 충분한 동기 부여가 되지 않아 당신의 능력이 발현되지 못하고 있으며, 어떤 때는 서비스를 잘하다가 어떤 때는 트러블이 생기는 등 변화가 조금 심한 편입니다. 약간 무뚝뚝한 편이어서 오락, 레저, 식당의 서비스보다는 증권이나 은행처럼 차분하고 정확성을 요하는 서비스가 더 잘 어울립니다. 만약 서비스업에 관심이 있다면 교육에 참여하거나 자기 계발을 통해 능력을 보여줄 수 있습니다.

D형

당신은 서비스업에 종사하기에는 조금 부담스러운 서비스 성향을 가지고 있습니다. 오히려 업무를 기획하거나 지원하는 쪽이 더 어울리겠네요. 반면, 본인 스스로 그러한 성향을 알고 있기 때문에 다른 사람의 서비스를 정확하게 평가할 수 있는 장점이 있습니다.

2. 나의 하루(업무) ☺ 😐 ☹

출근하여 최근까지 내가 하는 일은?

①
②
③
④
⑤
⑥
⑦
⑧
⑨
⑩

3. 나의 잘못된 습관들 ☺ 😐 ☹

①
②
③
④
⑤
⑥

⑦
⑧
⑨
⑩

4. 내 동료의 습관 비교 ☺ 😐 ☹

(1) 내동료 A의 습관

① 출근 : 지각, 정각
② 식사 : 배부르게 한다.
③ 식사 후 : 커피, 껌, 담배로 대신 할 때 가 많다.
④ 화장실 : 오래 있는다.
⑤ 쉬는 시간 : 누워 잔다.
⑥ 근무 : 앉을 수 있으면 무조건 앉는다.
⑦ 고객이 다가오면 : 환하게 웃기 시작
⑧ 한가할 때 : 직원과 대화(잡담?)

(2) 내 동료 B의 습관

① 출근
- 10분 전 업장에 도착
- 엘리베이터에서 업장 가기 전까지 빠른 노래로 마인드 컨트롤
- 업장에 와서 용모 복장을 점검, 또 점검
- 업무 인수인계

② 식사는 2/3 만 한다.
③ 식사 후 바쁘더라도 할 수만 있다면 양치질하는 습관을 꼭 지킴
④ 화장실에선 유니폼을 벗고 다시 입는다.
- 구겨짐 방지
- 메이크업 상태
- 머리망 점검

• 깔끔한 모습으로 고객 앞에 다가감

⑤ 쉬는 시간에 못 잔다.

- 유니폼 구겨질까 봐
- 눈 부울 까 봐
- 집에 가기 전까지는 나는 고객 앞에 최고의 연예인, 프로다.

⑥ 근무는 자리가 나도 주로 서서 근무

- 바른 자세
- 적극적 고객 응대
- 순발력

⑦ 고객이 다가오기 전부터 늘 환하게 웃고 있다.

- + α 고객이 오면 반갑게 달려 감

⑧ 한가할수록 거울을 보며 긴장을 풀지 않는다.

- Lounge에 고객이 한명이라도 계시면 같이 대화 나눈다.
- 고객 없는 한가 한 시간도 나에겐 노는 시간이 아닌 근무 시간임을 명심
- 한가할 때 컴플레인이 더욱 자주 발생하는 것을 인식
- 긴장을 풀지 않는다.

5. 프로 서비스맨이 되기 위한 나의 변화 시도 ☺ 😐 ☹

(1) PRO 의식

- 당신이 지금껏 늘 해오던 방식대로 한다면 결국 당신이 가질 수 있는 것은 지금 가진 그 이상은 절대 가질 수 없을 것이다.
- 고객의 "싫다"는 표현에 대해 두려워해선 안 된다.
- 속상해도 웃는 사람

(2) 고객들에게 프로페셔널한 이미지를 남기려면

① 고객에게 자연스럽게 다가갈 줄 알아야 한다.

② 용모 단정

- 두발

• 유니폼

• 구두

③ 얼굴 전체

• 호감

• 우아

• 미소

④ 목소리

• 톤

• 억양

• 속도

• 악센트

⑤ 정중한 자세

(3) 나의 변화 시도

① 호텔에 출근하는 순간부터 미소

• 흥이 나지 않으면 서비스를 할 수 없다.

• 근무 중 항상 미소

② 락카에 유니폼과 자존심을 교환한다.

③ 최고가의 나만의 올인원을 착용한다.

• 다시 이곳에 돌아 올 때까지(퇴근)

④ 업장에 들어가기 전, 엘리베이터 안에서 노래를 부른다.

• 자신이 좋아하는 노래

• 빠른 노래

⑤ 업장에 들어가면 님을 만날 준비를 한다.

• 더욱 기분을 UP

• 고객에게 다가가는 훈련

• 우리 호텔 뿐 아니라 우리 호텔의 나를 기억에 남겨라.

⑥ 식 후 반드시 양치질

• 잊지 말자.

• 특히 외국 고객에게 괴로운 우리의 마늘 냄새, 김치 냄새....

⑦ 직원과 대화보다 고객과 대화

- 고객에게 다가가
- 고객의 마음을 알려고 노력

⑧ 고객의 곁을 떠나지 않는다.

- 바른 자세 대기
- 주의 집중

⑨ 고객 앞에 서면 유니폼과 바른 자세로 최고의 정중함을 뽐내고 , 얼굴 전체의분위기에서 진정한 친밀감, 명랑함을 최대화한다.

- 고객 응대시 항상 고객 보다 낮은 자세로
- 겸손함과 조심스러움
- 정중을 표시

⑩ 고객이 기뻐할 땐 그보다 더욱 기뻐해 주고 고객이 슬퍼할 때 그보다 더 슬퍼해 준다.

⑪ 바쁠 때일수록 "나" 만이라도 고객에게 미소와 친절을 잃지 말자.

⑫ 내가 ____을 대표한다.
나를 보고_____를 평가한다.

⑬ 호텔 내에서 고객이 무료로 이용하는 시간에 더욱 친절을 잃지 마라.

⑭ 항상 나를 가꾸어 가는 것을 잊지 마라.

- 지식
- 변화
- 외모

⑮ 고객 개개인에 맞는 서비스를 제공하기 위한 나만의 습관을 늘 연구한다.

⑯ 나는 프로다.

(4) 고객과 친해질 수 있는 필수 조건 실천

① 항상 잔잔한 미소

② 고객 앞에 3~4 걸음 달려 나감

- 최대한 정중
- 친근한 몸짓으로
- Room No

• 이름
• 취향

③ 고객의 이름을 불러 드린다.
• 마치 당신을 애타게 기다렸다는 듯이
• 순발력 있게
• 매우 반갑게

④ 고객의 기호를 정확히 기억
• 오늘도 그렇게 할 것인지
• 이것은 혹 어떨지

⑤ Appearance는 항상 점검
• 나의 자신감
• 나의 자존심

⑥ 고객 집중
• 정중
• 바른 자세

⑦ 고객과 대화를 즐긴다.
• 고객감동은 1 : 1마케팅이 필수적
• 고객과의 친밀감
• 고객과 한 마디라도 더 나눌 줄 알아야 한다.

⑧ 늘 서비스 마인드를 되새긴다.
• 개인적인 문제가 발생 했을 때
• 컴플레인 발생 시, 발생 후
• 바쁠 때
• 어린이의 짓궂은 장난
• 직원간의 마찰

⑨ 고객을 감동시킬 수 있는 표정을 연출하려면 고객(외국)의 얼굴을 거울삼아 따라하자.

⑩ 관찰지를 지속적 적극 활용

⑪ 예견서비스 창출

⑫ "항상 저희 호텔을 이용해 주셔서 감사합니다."란 말을 늘 사용

⑬ 고객의 이름을 되도록 많이 불러 드리자.

⑭ 칭찬하는 데에도 요령이 필요하다

⑮ "끼"많은 사람이 되자.

- 즐거움을 원하는 고객 앞에서 쇼맨십을 발휘
- 기품 있는 고객 앞에서 좋은 매너
- 무대포 고객 앞에서는 친절과 카리스마를 동시에 발휘, 또 다른 고객의 기분을 배려해 주는 이 상황 연출력

⑯ 고객의 소리에 늘 귀 기울이자

- 고객 감동의 출발점이자 원동력
- 고객이 한 얘기를 주의 깊게 듣고
- 고객의 의견 혹은 개인적인 관심 사항에 대해 주의 깊게 관찰하였다는 것을 보여줄 수 있는 것이 기억에 남을 최고의 선물

⑰ C/in 시 100% 고객의 욕구를 충족시켰다면 C/out 시 그것의 100배를 더 노력하여야 감동 그 이상을 이끌어 낼 수 있다.

⑱ 개별 서비스맨의 Mind

⑲ 서비스 구현 Skill

6. 서비스 개혁 ☺ 😐 ☹

(1) 아직도 이런 서비스를 하고 있습니까!

① 남만큼 하는 서비스

② 컴플레인 발생억제에 서비스 초점을 두고 있는 서비스

③ 획일적인, 틀에 박힌 서비스

④ 서비스 창출 노력이 부족한 서비스

⑤ 경직된 서비스

⑥ 타부서에 대한 적극적 안내가 부족한 서비스

⑦ 고객의 유형과 상황에 따라 상황 연출력이 부족한 서비스

⑧ 균일한 Needs로 판단하여 고객의 Needs가 더 앞서는 서비스

⑨ 따뜻함이나 인간미를 전혀 느낄 수 없는 서비스

⑩ 큰 감동이 없는 서비스

(2) 이런 서비스는 이미 서비스가 아님을 명심해야 한다.

서비스는 더 이상 상품에 부가된 $+\alpha$가 아니라 그 자체로 무한대의 효과를 과시하는 것이다. 아직도 자신의 말솜씨 하나로 몇 십만 원의 객실을 100배 이상의 객실로 유도하여 판매할 수 없다고 생각하는가?

(3) 자신의 잠재적 서비스 능력에 대해 스스로 경험하지 못한 것으로 지금부터라도 개혁에 동참하자.

고객 감동 혁신을 위한 접근 방법

①

②

③

저자 약력

성 명 임범종(Lim, Bumjong)

전 공 관광지개발및경영, 관광마케팅

연 락 처 TEL : (043)879-3604

E - mail bjlim20@kdu.ac.kr

한양대학교 대학원 관광학과 관광학 석사·박사

주요 연구분야 : 관광이론, 관광개발, 레저개발, 관광조사방법론, 여행사경영 등

경력 : 한국관광연구원, 범양건영(주) 레저개발사업부

현재 : 극동대학교 호텔관광학부 교수
극동대학교 관광문화연구소 소장
한국관광연구학회 이사

성 명 김순희(Kim, Soonhee)

전 공 서비스매너

연 락 처 TEL : (043)879-3604

E - mail shkim39p@hotmail.com

단국대학교 경영대학원 관광경영학과 석사

경력 : 금호그룹 아시아나 항공 승무원 근무
GS 유통 인재 육성팀 사외강사 근무
ANC 스튜어디스 양성 전문 기관 전임 강사

현재 : 퍼스널 이미지 클리닉 연구소 실장
현대백화점 본점 (압구정점) 전문 이미지컨설턴트
국무총리 산하 청소년 보호종합지원센터 자문위원

성 명 한상민(Han, Sangmin)

전 공 관광정보, 브랜드전략

연 락 처 TEL : (043)879-3589

E - mail armi1121@kdu.ac.kr

극동대학교 대학원 경영학과 석사·박사(호텔관광경영학 전공)

주요연구분야 : 관광이론, 관광개발, 지역경제분석, 브랜드전략

현재 : 극동대학교 호텔관광학부 강사
극동대학교 관광문화연구소 연구원

도서출판
그 린

서비스코리아

초판 인쇄일 ▶	2007년 2월 26일
초판 발행일 ▶	2007년 2월 27일
저자 ▶	극동 관광문화연구소
발행처 ▶	도서출판 그린
발행인 ▶	윤 덕 우
출판등록 ▶	제8-161호(1995. 5. 3)
주소 ▶	서울시 서대문구 연희동 219-20 (우)120-828
전화 ▶	02)333-2574, 2575
Fax ▶	02)333-2561
E-mail ▶	greenpress@greenpress.co.kr
Homepage ▶	http://www.greenpress.co.kr

저자와의
협의하에
인지생략

정가 : 12,000 원

ISBN : 978-89-5727-086-8 03980